Contos de Sebastopol

Contos de Sebastopol

Liev Tolstói

Sonia Branco
Tradução do russo

hedra

São Paulo_2013

Grafia atualizada segundo o Acordo Ortográfico da Língua Portuguesa de 1990, em vigor no Brasil desde 2009.

Edição consultada
Лев Толстой: Повести и разказы в двух томах – том первый Издательство "художественная литература" Москва, 1966

Edição Bruno Costa
Coedição Iuri Pereira e Jorge Sallum
Capa Ronaldo Alves
Imagens de capa Roger Fenton (1819–1869): *Group of Croats* (1855) e *The valley of the shadow of death* (1855)
Agradecimento a Eduardo F. Coutinho
Programação e diagramação em LaTeX Bruno Oliveira
Assistência editorial Bruno Oliveira e Pedro A. Pinto
Revisão Pedro A. Pinto

Dados Internacionais de Catalogação na Publicação (CIP)

T598 Tolstói, Liev (1828–1910).
Contos de Sebastopol. / Liev Tolstói.
Tradução de Sonia Branco. – São Paulo: Hedra, 2011.
160 p.

ISBN 978-85-7715-255-1

1. Literatura russa. 2. Contos. 3. Sebastopol. I. Título. II. Tolstói, Léon (1828–1910). III. Tolstói, Liev Nikoláievich (1828–1910). IV. Branco, Sonia, Tradutora.

CDU 882
CDD 891.7

Catalogação elaborada por Ruth Simão Paulino

EDITORA HEDRA LTDA.
Rua Fradique Coutinho, 1139 (subsolo)
05416-011 São Paulo SP Brasil
+55 11 3097 8304
editora@hedra.com.br
www.hedra.com.br

Sumário

Apresentação

Tolstói escreveu seus *Contos de Sebastopol* ao longo do ano de 1855, enquanto atuava na condição de oficial do exército russo na guerra da Crimeia.

A bela cidade de Sebastopol situa-se numa reentrância do Mar Negro, onde se forma uma baía. Na margem oposta à cidade, havia na época a fortaleza de Siévernaia (literalmente, "do norte") e, entre ambas, os russos construíram uma longa ponte que cruzava a baía, por onde transportavam soldados, mantimentos, armas e munições. Sebastopol havia sido fundada pelo Império Russo em 1783, como base da sua armada naval e parte do sonho imperial de alcançar uma saída para o Mediterrâneo. O obstáculo maior eram os turcos, seus inimigos havia séculos. Aproveitando-se do enfraquecimento do Império Otomano, a Rússia empreendeu uma guerra que se iniciou em 1853, resultando na destruição quase total da frota turca — o que levou as potências ocidentais, França e Grã-Bretanha, a se aliarem imediatamente aos turcos com o objetivo de garantir suas respectivas influências sobre as regiões otomanas nos Bálcãs, e deter o expansionismo russo.

Ao chegar a Sebastopol em dezembro de 1854, Tolstói já encontrou a cidade sitiada pelos aliados. Escrita em três momentos diversos da guerra, esta obra apresenta em imagens vivas a progressiva transformação física da cidade, da opulência à decadência, em comunhão com a transformação espiritual do homem, da fé ao desespero.

Já em seu primeiro relato, ambienta o leitor no triste cenário dos mastros dos navios russos postos a pique, como estratégia de defesa do porto (a exemplo da embarcação *Grão-Duque Konstantin*) — melancolia que o autor contrasta com a luminosidade e o colorido alegres do céu, do mar e da própria cidade. Nesse primeiro momento, a guerra ainda não havia abalado a autoconfiança da população civil e militar, e a percepção real da sua violência circunscreve-se a certos espaços urbanos e aos bastiões de defesa.

O segundo relato, cinco meses mais tarde, apresenta de início uma cidade ainda orgulhosa, embora mais apreensiva, mas o autor logo nos transporta para as colinas, nos põe no centro dos combates e desvenda aos nossos olhos o rosto da morte. O último segundo de vida dos seus personagens contém toda a grandeza e miséria humanas.

Por fim, a terceira e última narrativa percorre estradas e fortalezas, deixando apenas entrever a Sebastopol deserta e destruída; assistimos agora a luta desesperada dos russos contra um inimigo três vezes superior. A intensificação dos bombardeios com a perda diária de dois a três mil soldados russos, a labuta dos soldados à noite para reparar os danos sofridos durante o dia e o ataque final em que os aliados destroem as fortificações russas e se apossam da colina Makhálov, ponto-chave para a entrada na cidade, culminando com a retirada russa para Siévernaia — todos esses fatos da guerra são narrados a partir do impacto vivido pelas personagens, por suas emoções, sofrimentos, alegrias e esperanças, captados pelo olhar perscrutador do narrador.

A observação direta da guerra não fez de Tolstói refém de quadros realistas. Ao contrário, aquela realidade virulenta lhe deu ocasião para revolver a alma humana e fazer emergir dela toda a miséria e beleza ocultas.

Liev Nikoláievitch Tolstói (1828–1910), membro da alta nobreza proprietária de terras, havia tido excelente educação, mas não havia completado nenhuma formação. Desde cedo, esbanjava sua vida e riqueza nos salões da corte, no ócio e nas jogatinas, como em geral faziam os jovens de sua classe social. Esse quadro da devassidão juvenil se tornara bastante comum desde que, no reinado de Catarina II (1762–1796), os nobres haviam sido liberados da obrigação de prestar serviço ao Estado. Vivendo dos rendimentos das suas terras, que eram cultivadas por servos também de sua propriedade, esses nobres, sem quaisquer necessidades na vida, se entregavam livremente às suas ambições e prazeres pessoais. Os rapazes que entravam para essa *jeunesse dorée* logo se tornavam homens entediados e inativos.

Essa juventude foi fartamente representada pela literatura russa, e veio a adquirir, posteriormente, valor social negativo. É possível encontrá-la, por exemplo, em personagens de *Evguêni Oniéguin* (1832), de Púchkin; *O herói do nosso tempo* (1840), de Liérmontov; *Quem é culpado?* (1847), de Herzen; *Diário de um homem supérfluo*(1850) e *Rúdin* (1856), de Turguêniev e *Oblómov* (1859), de Gontcharóv.

Para o jovem conde Tolstói, de espírito irrequieto, esse tipo de vida chegava a seu termo. Insatisfeito com o ócio e a superficialidade do seu meio, decide se engajar como *junker* nos exércitos do Cáucaso. Tal rompimento do futuro escritor com a vida que levava significava, nesse momento, menos uma condenação ao sistema social em que vivia do que a necessidade de um mergulho interior, já que desde muito jovem o obcecavam as questões sobre a consciência humana.

Liev Tolstói ingressou no campo literário, nos anos de 1850, indiferente às polêmicas estéticas da época, interessando-se prioritariamente por questões de ordem filosófica e artística. O apreço pelo desenvolvimento da personagem Pietchórin da obra *O herói do nosso tempo*, de Mikhail Liérmontov, foi capital para o seu entendimento de que a análise psicológica de qualquer herói só seria possível se precedida pela própria experiência do escritor. Para Tolstói, subjetividade significava compreensão dos problemas da vida em sua dupla manifestação: individual e social.

Ainda bem jovem, já escrevia em seu diário que a aspiração da sua vida era o desenvolvimento de todo o seu ser, que seria a pessoa mais desgraçada se não encontrasse para si um objetivo universal e útil — palavras que ressoarão nas vozes de suas personagens Bolkónski (*Guerra e paz*, 1868), Liévin (*Ana Kariênina*, 1878) e Nekhliúdov (*Ressurreição*, 1899).

As experiências de Tolstói no Cáucaso em 1851 e como oficial na Guerra da Crimeia entre 1854–55 foram relatadas nas obras *Os Cossacos* e *Contos de Sebastopol*, respectivamente; mas, enquanto a primeira só foi escrita em 1862, portanto onze anos após sua experiência, a narração dos *Contos* foi simultânea ao fato.

As três narrativas sobre o cerco à cidade de Sebastopol foram reunidas e publicadas ao final daquele mesmo ano de 1855 no periódico petersburguês *Sovremiénnik* (*O contemporâneo*), que já havia trazido a público, anteriormente, com grande sucesso, suas primeiras obras: *Infância* (1852) e *Adolescência* (1854).

Foi grande o impacto que essa sua nova obra causou sobre os leitores, pela crueza e realismo com que descreve não apenas as batalhas, mas, sobretudo, a miséria do ser humano em suas relações sociais, em seu egoísmo pessoal e vaidade no limite da vida e diante da morte.

Até então, as imagens da guerra que chegavam aos cidadãos russos através das narrativas publicadas pela imprensa (como o periódico militar *Anais da pátria*), pela literatura e por narrativas orais enalteciam romanticamente os heróis da guerra, desfiavam condecorações, méritos e conclamavam o povo à luta patriótica. Muitos dentre os jovens da nobreza se deixaram seduzir pela possibilidade de se tornarem heróis, pelo sonho em galgar a hierarquia militar, em receber a Cruz de São Jorge ou a de Sant'Ana. Muitos deixaram sua vida ociosa e se alistaram às tropas como oficiais. Tolstói não foi exceção; mas, diferentemente dos outros, nele havia uma força interior que, ao movê-lo por esse caminho, levava-o simultaneamente a uma constante autocrítica, impulsionando-o para além da sua própria vaidade. A sensibilidade do autor em perceber em si próprio, no contato com o outro e com as situações a sua volta, a miséria humana, transformou a natureza do seu movimento. E possibilitou que narrasse a realidade da guerra a partir tanto dos fatos quanto da alma, já que para ele as duas coisas estão entrelaçadas — chegando a declarar ao fim do segundo conto ("Sebastopol em maio") que nenhum dos seus personagens é seu herói, posto que este sempre foi, é e será a verdade. Esta sua afirmação (que fez fortuna nos estudos sobre o autor) é uma espécie de fio condutor entre todas as suas obras, dos contos e novelas aos grandes romances. A sua fé na ressurreição do homem, na capacidade de amor e doação, que é sufocada pela vaidade e ambição cegas frente a um mundo que se desenvolve e se urbaniza rapidamente; a tirania e o poder dos governantes, que se afirmam sobre os escombros e ruínas do homem comum — todas essas questões serão conduzidas em suas obras posteriores de forma sempre mais radical, levando Tolstói a se opor à civilização em prol da vida natural do camponês, vida que brota daquilo que é a nossa origem e o nosso fim: a terra.

Um dos críticos literários russos mais importantes de todos os tempos foi o coetâneo de Tolstói, Nikolái Gavrílovitch Tchernichévski (1828–1889), que trabalhava no mesmo periódico *Sovremiénnik* (*O contemporâneo*), citado acima. O crítico publicou, em 1856, o artigo "Infância e adolescência. Relatos de guerra do conde L.N. Tolstói", em que observa a recepção que teve à época a obra *Contos de Sebastopol*, e analisa os procedimentos artísticos do autor. Tchernichévski cita textualmente as expressões usadas comumente pelo público e que eram repetidas pela crítica em geral:

> Uma extraordinária observação, fina análise dos movimentos da alma, nitidez e poesia nos quadros da natureza

> e elegante simplicidade são os traços que distinguem o talento do conde Tolstói.

Tchernichévski considera que tais afirmações gerais, uma vez repetidas pela crítica, tornam-se verdades. Sem negar a presença de tais atributos no talento de Tolstói, pergunta-se, no entanto, em quê tais atributos o distinguem de outros excelentes autores como Púchkin, Liérmontov e Turguêniev, já que essas características também podem ser atribuídas a estes.

Em sua análise sobre os procedimentos artísticos de Tolstói, o crítico nota que, à diferença dos outros autores, o olhar de Tolstói se volta para o processo de como um sentimento ou um pensamento surge de outros anteriores; como um sentimento que surge de uma dada situação ou impressão se submete, sem mediação, à influência das recordações, a tal ponto que a força da composição, ou seja, a força das imagens representadas, passa de um sentimento para outro, volta ao anterior, muda novamente e assim por diante, por todo o percurso da recordação; como um pensamento, nascendo de uma sensação, leva a outros pensamentos, deixa-se levar mais e mais longe, mistura devaneio com sensações reais, sonhos de futuro com reflexos do presente.

Dessa forma, para se entender a análise psicológica como um atributo de Tolstói é preciso levar em conta que não se trata de análise de traços de personagens, nem de estudos sobre a influência de sua vida social; nem de observação das relações entre sentimento e realidade, nem de análise das paixões, mas sim de observação do próprio processo psíquico, de suas formas e leis, da dialética da alma. Enquanto a maior parte dos escritores tem em vista o resultado, o interesse de Tolstói está no próprio processo oculto em que pensamento e sentimento se elaboram. Essa especificidade do seu talento se tornou possível, segundo o crítico, pelo estudo atento que o autor faz dos segredos da alma humana a partir de si mesmo. E mostra como nessa questão Tolstói supera o próprio Liérmontov, um de seus mestres.

Mas a força do talento criador, prossegue o crítico, mostra-se não apenas em sua análise psicológica, como também na pureza do seu sentimento moral, que se constitui como reflexo e experiência de vida, nunca oscilando e sempre guardando a imediatez do frescor juvenil.

Por fim, o crítico considera que esses dois traços — o profundo conhecimento dos movimentos secretos da vida psicológica e a pureza sem mediação do sentimento moral — são atributos particulares daquelas primeiras obras de Tolstói, mas acredita que

> ainda que o autor venha a trilhar novas sendas ao longo do seu desenvolvimento, tais atributos estarão sempre presentes em suas obras futuras, por constituírem traços do seu talento.

E o crítico tinha razão. Todo o procedimento artístico que desabrochou mais tarde nos grandes romances já estava presente aqui nesses três contos, em embrião, no entrecruzar de elementos românticos e realistas: recordações e experiência pessoal ao lado de descrições vivas da realidade.

Contos de Sebastopol

Sebastopol no mês de dezembro

A AURORA apenas começa a tingir o horizonte sobre o monte Sapun;[1] a superfície azul escura do mar, já desembaraçada da escuridão da noite, aguarda o primeiro raio de sol para cintilar seu brilho alegre; da enseada, o ar sobe frio e brumoso; não há neve — o solo está totalmente negro, mas o frio gélido matinal golpeia o rosto e estala sob os pés, e o rumor longínquo e incessante do mar, vez por outra perturbado pelos tiros retumbantes em Sebastopol, rompe o silêncio da manhã. Nas embarcações, a ampulheta das oito horas bate surdamente.

Em Siévernaia,[2] as ocupações diurnas pouco a pouco começam a substituir a tranquilidade da noite: em algum lugar, faz-se a troca das sentinelas em meio ao tilintar de armas; em outro, um médico se apressa em direção ao hospital; em algum recanto, um soldadinho se arrasta para fora de seu abrigo na terra, lava em água meio congelada o rosto bronzeado, volta-se para o Oriente purpúreo e, com um rápido sinal da cruz, inicia sua prece a Deus; em outra parte, uma alta e pesada *madjara*[3] atrelada a

[1] Colina a sudeste de Sebastopol. [Todas as notas são da tradutora, exceto quando indicadas.]

[2] Quartel localizado ao norte, na margem oposta à cidade de Sebastopol e ao porto principal.

[3] Carroça de quatro rodas.

camelos arrasta-se, rangente, em direção ao cemitério para onde leva cadáveres ensanguentados, que se amontoam até quase a sua borda... Você se aproxima do porto — e um odor particular de carvão de pedra, esterco, umidade e carne de vaca o invade. Milhares de objetos, dos mais variados — lenha, carne, gado auroque, farinha, sucatas de ferro etc. — estendem-se aos montes em torno do cais; soldados de diversos regimentos com mochilas e armas e mesmo sem mochilas nem armas aglomeram-se por aqui, fumam, injuriam-se, transportam cargas para um vapor, que, fumegando, encontra-se ancorado no desembarcadouro; botes a remo, repletos de todo tipo de gente — soldados, marinheiros, comerciantes, mulheres — atracam e desatracam do cais.

— Até Gráfskaia,[4] Vossa Nobreza? Faça o favor — oferecem-lhe os seus serviços dois ou três marinheiros reformados, de pé nos botes.

Você escolhe aquele que está mais perto, caminha sobre a carcaça semiapodrecida de um cavalo baio, imersa na imundície que cerca o bote, e segue adiante até o leme. Você solta as amarras. Ao redor, o mar já brilha ao sol da manhã; à sua frente há um velho marinheiro em casaco de pele de camelo e um jovenzinho louro de cabelos brancos que, em silêncio e com zelo, manobra os remos. Você observa a enorme massa listrada de navios espalhados, longe e perto, pela baía; os pequenos pontos escuros das chalupas em movimento no azul reluzente do mar; as belas e claras construções da cidade que, tingidas pelos raios róseos do sol da manhã, se fazem perceptíveis deste lado; a linha branca de espumas e os navios naufragados, dos quais sobressaem aqui e ali, tristemente, as pontas dos mastros escuros; ao longe, a frota inimiga singrando o horizonte cristalino do mar; as ondulações espumantes que respingam gotas salgadas no elevar-se dos remos; você escuta o som cadenciado das batidas dos remos, o

---

[4] Desembarcadouro “do Conde”, situado face a Siévernaia.

som das vozes que lhe chegam pela maré e o som majestoso do canhoneio que, assim lhe parece, se intensifica em Sebastopol.

Não é possível que, ante o pensamento de que também você está em Sebastopol, não percorra a sua alma certo sentimento de valentia, de orgulho, e que o sangue não circule mais rápido em suas veias...

— Vossa Nobreza! Direto sob o *Kistentina*,[5] segure-se — diz a você o velho marinheiro, voltando-se para trás a fim de confirmar a direção que você deu à embarcação. — Leme para a direita!

— Ainda está com todos os canhões — observa o rapaz de cabelos brancos, ao passarem em frente ao navio e após examiná--lo atentamente.

— E como não estaria? É novo, Kornilóv viveu nele — responde o velho, também observando o navio.

— Viste, que estrago! — prossegue o jovem, depois de contemplar por um bom tempo em silêncio uma nuvem branca de fumaça que se dissipava e que surgira de repente, no alto, sobre a baía do sul, seguida pelo som cortante da explosão de uma bomba.

— Ele está atirando hoje com uma nova bateria — acrescenta o velho, cuspindo nas mãos com indiferença. — Vamos, Michka, já chega, vamos ultrapassar a chalupa.

E o seu bote desliza mais rapidamente adiante, pela larga ondulação da baía, ultrapassa efetivamente a pesada embarcação em que sacas se amontoam e sobre a qual remam desigualmente soldados inábeis, e aborda, entre uma multidão de barcos com amarras de todo tipo, o ancoradouro Gráfskaia.

No cais, movem-se ruidosas multidões de soldados em veste cinza, marinheiros em negro e mulheres em estampas multicores. As velhas camponesas vendem pequenos pães, os mujiques russos com seus samovares gritam: "*Sbíten*[6] quente!" e aqui mesmo, sobre os primeiros degraus, amontoam-se balas de canhão, bom-

---

[5] Refere-se ao navio *Konstantin*. [Nota do autor.] Pronúncia popular.

[6] Bebida preparada com mel.

bas, metralhadoras, canhões de diversos calibres. Um pouco adiante há uma grande praça juncada de enormes vigas, peças de canhão, soldados adormecidos; há cavalos, carroças, instrumentos e grandes caixas verdes, sarilhos para fuzis de infantaria; soldados, marujos, oficiais, mulheres, crianças, comerciantes circulam pra lá e pra cá; passam carroças com feno, com sacos, com tonéis; cruzam um cossaco e um oficial a cavalo, um general em carruagem. À direita há uma rua obstruída por uma barricada com vãos guarnecidos por pequenos canhões, e ali por perto se encontra um marinheiro fumando cachimbo. À esquerda há uma bela casa com cifras romanas no frontão, sob o qual se abrigam soldados e civis ensanguentados — por toda parte você vê rastros lamentáveis do campo de batalha. Sua primeira impressão é certamente a mais desagradável: uma estranha mistura das vidas do campo de batalha e da cidade, de uma bela cidade e de um nojento bivaque,[7] uma mistura que não apenas não possui nada de belo, mas que dá a ideia de uma terrível desordem; chega mesmo a lhe parecer que toda essa gente azafamada se agita por não saber o que fazer. Mas observe mais de perto o rosto dessas pessoas que se movimentam ao seu redor e você perceberá bem outra coisa. Olhe apenas para esse soldadinho da carroça de carga que conduz ao bebedouro uma troica de cavalos baios: tão calmo cantarola algo para si mesmo, que está claro que não se extraviará em meio a essa multidão diversa, que, aliás, para ele não existe; ele cumpre sua tarefa, qualquer que seja — dar de beber aos cavalos ou carregar as armas — com a mesma tranquilidade, segurança e indiferença que cumpriria se estivesse em Tula ou Saransk. Essa mesma expressão você pode ler no rosto do oficial de luvas irreprochavelmente brancas que passa à sua frente, e no rosto do marinheiro que fuma sentado à barricada, e nos rostos dos soldados trabalhadores que esperam com macas nas escadarias da antiga assembleia, e no rosto dessa

[7] Acampamento provisório de tropas a céu aberto.

jovem moça que, temendo molhar seu vestido rosa, cruza a rua saltando de uma pedra a outra.

Sim! Você certamente ficará desapontado da primeira vez que chegar a Sebastopol. Em vão você buscará nos rostos traços de agitação, de confusão ou mesmo de entusiasmo, de preparação para a morte, de decisão — não há nada disso: você vê pessoas comuns fazendo calmamente suas tarefas cotidianas; portanto, é possível que você se repreenda por sua excessiva euforia e venha a duvidar um pouco da justeza das suas ideias sobre o heroísmo dos defensores de Sebastopol, ideias que se formaram a partir de relatos e descrições, de aparências e sons que vieram do quartel de Siévernaia. Mas antes de duvidar, vá aos bastiões, observe os defensores de Sebastopol no próprio lugar da defesa ou, melhor, vá diretamente a esta casa em frente, a antiga assembleia de Sebastopol com suas escadarias onde se encontram soldados com macas — lá você verá os defensores de Sebastopol, lá você verá espetáculos terríveis e tristes, grandiosos e espirituosos, mas admiráveis, que elevam a alma.

Você entra no grande salão da Assembleia. Assim que abre a porta, é fulminado pela visão e pelo odor de quarenta ou cinquenta amputados e feridos graves, alguns sobre macas, a maior parte estendidos pelo chão. Não se renda à sensação que o paralisa à entrada da sala — essa horrível sensação. Siga adiante, não se envergonhe de ter vindo *ver* os sofredores, não se envergonhe de se aproximar e falar com eles: os infelizes amam ver rostos solidários, amam narrar seus sofrimentos e escutar palavras de afeto e interesse. Você passa entre os leitos e procura uma fisionomia menos rude e sofrida antes de se decidir a se aproximar e conversar.

— Onde você está ferido? — você pergunta com timidez e hesitação a um soldado velho e descarnado que, sentado na maca, segue-o com um olhar bondoso como se o convidasse a se aproximar. Eu digo: "pergunta com timidez" porque os sofrimentos inspiram, além de profunda simpatia, certo receio em ofender e grande respeito àquele que os suporta.

— Na perna — responde o soldado; mas nesse instante você mesmo percebe pelas dobras da coberta que não há perna até acima do joelho. — Graças a Deus — acrescenta ele —, já vou pedir alta.

— Faz tempo que você está ferido?

— Bem, a sexta semana já passou, Vossa Nobreza!

— E agora, ainda dói?

— Não, agora não dói nada; sinto como umas pontadas na panturrilha, dependendo do tempo; não é nada.

— Como aconteceu esse ferimento?

— No quinto *bassião*,[8] Vossa Nobreza, foi no primeiro *bardeamento*:[9] apontei o canhão e já estava me afastando, desse jeito, para a outra canhoneira, quando *ele* bateu na minha perna; eu caí, parece que num valão. Eu olho, não tem mais perna.

— Não sentiu dor nesse primeiro momento?

— Nadinha; como se tivessem colocado alguma coisa quente na minha perna.

— E depois?

— E depois, nada; só quando me esticaram a pele, era como que uma ardência. A primeira coisa, Vossa Nobreza, é *não pensar muito*: se você não pensa, então não é nada. Tudo vem mais daquilo que a pessoa pensa.

Nesse momento, aproxima-se de você uma mulher em um vestido cinza listrado, a cabeça coberta por um lenço negro; mete-se na sua conversa com o marinheiro e começa a falar sobre ele, seus sofrimentos, o estado desesperador em que ficou durante quatro semanas, sobre como, estando ferido, deteve o maqueiro para acompanhar o fogo da nossa bateria, como os grão-duques lhe dirigiram a palavra e lhe conferiram vinte e cinco rublos, e como o ferido lhes disse que desejaria voltar ao bastião para instruir os jovens, se ele próprio já não puder mais trabalhar. Enquanto conta tudo isso de um só fôlego, a mulher

[8] Pronúncia popular para o termo estrangeiro "bastião".

[9] Pronúncia popular para o termo estrangeiro "bombardeamento".

olha, ora para você, ora para o marinheiro — este havia se virado e, fazendo de conta que não a ouvia, desfiava seu travesseiro — e o olhar dela irradia um entusiasmo todo particular.

— É minha patroa, Vossa Nobreza! — observa o marinheiro com uma expressão, como se quisesse dizer: "Não lhe dê atenção. São coisas de mulher — diz besteiras".

Você começa, então, a compreender os defensores de Sebastopol; você sente, sem saber por quê, certo escrúpulo diante desse homem. Você gostaria de lhe dizer muito mais coisas para expressar sua solidariedade e admiração; mas não encontra palavras ou não se satisfaz com as que lhe veem à cabeça — e se inclina silencioso ante essa grandeza também silenciosa e que se ignora, ante essa firmeza de ânimo, esse pudor a respeito de seus próprios méritos.

— Que Deus o ajude a se restabelecer rapidamente — você lhe diz, e se detém diante de outro doente que, estendido sobre o chão, ao que parece espera a morte em meio a insuportáveis sofrimentos.

É um homem louro, o rosto pálido e inchado. Está deitado sobre as costas, o braço esquerdo jogado para trás, em uma posição que testemunha uma dor atroz. A boca seca aberta deixa escapar com dificuldade uma respiração rouca; os olhos azuis vidrados reviram-se para cima, e de sob uma coberta enrolada assoma um resto de mão direita envolta em faixas. O forte odor de corpo morto o oprime e a febre interior que devora todos os membros do sofredor parece também penetrá-lo.

— E este, está inconsciente? — você pergunta à mulher, que o segue e o olha gentilmente, como se você fosse seu parente.

— Não, ainda ouve, mas já está muito mal — diz ela baixinho. — Eu lhe dei chá ainda agora... O quê! Mesmo de um estranho se deve ter piedade... mas não bebeu quase nada.

— Como você se sente? — você pergunta ao homem.

O ferido revira as pupilas ao som da sua voz, mas não o vê e nem o entende.

— É de cortar o coração.

Mais adiante você vê um velho soldado trocando as roupas de baixo. Descarnado como um esqueleto, rosto e corpo de cor marrom. Falta-lhe um braço: foi extirpado na altura do ombro. Tem boa disposição, se recuperou; mas pelo seu olhar morto, opaco, pela sua terrível magreza e sulcos do rosto, você percebe que essa criatura passou a melhor parte da sua vida em sofrimentos.

Do outro lado da sala, você nota, sobre uma maca, a fisionomia dolorosa, pálida e meiga de uma mulher, cujas faces estão coradas pela febre.

— É a mulher de um dos nossos marinheiros, que no dia cinco levou uma bomba na perna — diz a sua guia —, ela levava o almoço para o marido no bastião.

— O que houve, cortaram?

— Cortaram acima do joelho.

Agora, se você tem nervos fortes, atravesse a porta à esquerda: é naquele outro cômodo que se fazem os curativos e as operações. Você verá os médicos com os braços ensanguentados até os cotovelos, as fisionomias pálidas e sombrias, debruçados sobre uma maca, onde, com os olhos abertos e falando como em delírio palavras sem sentido, às vezes simples e tocantes, está estendido um ferido sob o efeito de clorofórmio. Os médicos estão ocupados com o ato repulsivo, mas benéfico da amputação. Você verá a faca curva e afiada penetrar na carne branca e saudável; verá com que grito terrível e dilacerado, com que imprecações o ferido súbito retoma consciência; verá o oficial médico atirar a um canto o braço cortado; verá como, no mesmo cômodo, outro ferido sobre uma maca assiste a operação do companheiro, crispa-se e geme não tanto por dor física, quanto pelo sofrimento moral da espera — verá espetáculos terríveis que lhe revolverão a alma; verá a guerra não pela sua aparência regular, sedutora e brilhante, acompanhada por música e tambores, com bandeiras desfraldadas e generais que corcoveiam com seus cavalos, mas sim a guerra em sua verdadeira expressão — em sangue, em sofrimentos, em morte...

Saindo dessa casa de sofrimentos, você certamente experimentará um sentimento de alegria, aspirará mais profundamente o ar fresco, sentirá satisfação ao se perceber em plena saúde, mas, ao mesmo tempo, você haurirá na contemplação desses sofrimentos a consciência de sua própria insignificância e, calmamente, sem hesitação, seguirá para os bastiões...

"Que significa a morte e os sofrimentos de um verme insignificante como eu em comparação a tantas mortes e tantos sofrimentos?" Mas a visão do céu limpo, do sol brilhante, da bela cidade, da igreja entreaberta, da movimentação das tropas em várias direções logo reconduz seu espírito a sua condição normal de leviandade, de preocupações pequenas e de entusiasmo apenas pelo momento presente.

Você encontra, talvez, saindo de uma igreja, o enterro de um oficial qualquer, um caixão rosa, música e estandartes esvoaçantes; chegam aos seus ouvidos, quem sabe, sons de tiros de canhão vindo dos bastiões, mas nada disso o devolve às suas reflexões anteriores; as exéquias do oficial parecem-lhe um belo espetáculo militar, e os tiros, um belo som militar — e você não relaciona, com tal espetáculo ou com tal som, as impressões tão nítidas dos sofrimentos e das mortes que vivenciou na sala de curativos.

Após cruzar a igreja e a barricada, você entra na parte mais central e animada da cidade. De ambos os lados há tabuletas de armazéns e albergues; comerciantes, mulheres usando lenços ou chapéus, oficiais elegantes — todos lhe falam da firmeza de ânimo, autoconfiança e segurança dos habitantes.

Dê uma entrada no albergue à direita, se quiser escutar o que dizem os marinheiros e oficiais: ali certamente conversam sobre a noite passada, sobre Fiénka, sobre a ação do dia vinte e quatro, sobre o alto preço e a má qualidade das almôndegas que oferecem, e como foi morto este ou aquele companheiro.

— Que diabos! Como as coisas estão ruins cá para nós agora! — diz com sua voz grave um oficialzinho da marinha, louro e imberbe, com uma echarpe verde de tricô.

— Cá aonde? Pergunta alguém.

— No quarto bastião — responde o oficial jovenzinho; e você obrigatoriamente observa o oficial louro com grande atenção e até certo respeito, ante as palavras: "No quarto bastião". Esse excessivo desembaraço, a agitação dos braços, o riso e a voz forte do rapaz parecem-lhe impertinentes e demonstram um particular espírito de duelista, que alguns jovens adquirem depois de afrontarem o perigo; mas em todo caso, você pensa que ele vai começar a contar que o ruim do quarto bastião são as bombas, os tiros de canhão: de forma alguma! O ruim para ele é a lamaceira. "Não é possível caminhar até a bateria", diz ele, mostrando suas botas cobertas de lama até a panturrilha. "E hoje mataram o meu melhor chefe de artilharia, um tiro direto na testa", diz um outro. "Quem é? Mitiukhin?" "Não... E então, não vão me servir a vitela? Que canalhas!", diz ao criado do albergue. "Não é Mitiukhin, é Abrossímov. Um bravo; esteve em seis ataques."

No outro canto da mesa, por detrás dos pratos de almôndegas com ervilha e da garrafa de vinho ácido da Crimeia com o rótulo *Bordeaux*, estão sentados dois oficiais de infantaria: um deles, jovem, de gola vermelha e com duas estrelinhas no capote, fala ao outro, velho, de gola preta e sem estrelinhas, sobre o episódio de Alma. O primeiro já havia bebido um pouco e pela hesitação constante em sua narração, pelo seu olhar indeciso, pela expressão de dúvida de que acreditassem no que dizia e, principalmente, que cressem no importante papel que desempenhara naquela ação e no horror que havia sido tudo aquilo, é de se notar que se afastava bastante da estrita verdade. Mas você não está para essas conversas que, de resto, ainda ouvirá por muito tempo e por todos os cantões da Rússia: você quer ir logo aos bastiões, sobretudo ao quarto bastião, de que tanto e tão diversamente lhe falaram. Quando alguém diz que esteve no quarto bastião, é com especial satisfação e orgulho que o faz; quando alguém declara: "Vou ao quarto bastião", nota-se claramente nessa pessoa ou uma pequena comoção, ou uma indiferença excessivamente grande; quando desejam fazer alguma pilhéria com alguém, dizem: "Você deveria ser colocado no quarto bastião"; quando encontram com maqueiros e lhes perguntam: "De onde estão vindo?", a maioria responde: "Do quarto bastião". Em geral existem duas opiniões completamente diversas sobre esse terrível bastião: a daqueles que nunca estiveram lá e que estão convencidos de que o quarto bastião é o verdadeiro túmulo dos que ali pisam, e a daqueles que vivem lá, como o oficial louro, e, neste caso, quando falam a você sobre o quarto bastião dizem que lá é seco ou sujo, que nos abrigos faz calor ou frio etc.

Durante essa meia hora que você passou no albergue, o tempo mudou: a névoa alastrada sobre o mar se condensou em nuvens cinzentas, morosas e úmidas e cobriram o sol; do alto, cai uma espécie de triste geada que molha os telhados, as calçadas e os capotes dos soldados...

Depois de passar por mais uma barricada, você sai por uma porta à direita e sobe uma grande rua. Por detrás dessa barricada há casas desabitadas de ambos os lados, não há tabuletas, as portas estão travadas, as janelas arrombadas; aqui, um canto de muro demolido; ali, um telhado perfurado. As construções se assemelham aos velhos veteranos que sofreram todas as desgraças e privações e com certo orgulho e indiferença olham para você. No caminho, você tropeça em balas de canhão, que rolam, e valas com água, abertas no calçamento de pedra por bombas. Pela rua, você encontra e ultrapassa comandos de soldados, atiradores cossacos, oficiais; de tempos em tempos encontra-se alguma mulher ou criança, mas não mais mulher de chapéu, e sim a companheira de algum marinheiro, metida em uma velha peliça e botas de soldado. Seguindo a rua adiante e descendo uma pequena encosta, você percebe que não há mais casas à sua volta, mas um estranho amontoado de ruínas, pedras, pranchas, argila, troncos; à sua frente, você vê, no alto de uma colina escarpada, um terreno escuro, enlameado, sulcado por fossos, que é justamente o quarto bastião... Aqui, encontram-se ainda menos pessoas, não se vê mais mulheres, os soldados passam apressados, surgem pelo caminho gotas de sangue, e logo você está em presença de quatro soldados com macas, das quais eventualmente ergue-se algum rosto amarelo pálido, algum capote ensanguentado. Caso você pergunte: "Onde ele está ferido?", os maqueiros, com ar furioso e sem se voltarem para você, dirão "na perna ou no braço", se for um ferimento leve; ou se calarão com ar sombrio, caso nenhuma cabeça erga-se da maca, porque ou o homem já morreu ou se trata de um ferido grave.

O silvo de uma bala ou bomba no exato momento em que você começa a subir a colina o surpreende de forma desagradável. De repente, você se dá conta do significado daqueles sons de tiros de uma forma totalmente diferente da que havia aprendido antes, quando os escutava da cidade. Alguma lembrança calma e prazerosa atravessa sua imaginação; você começa a se ocupar mais com a própria pessoa do que com a observação das coisas, passa a dar menos atenção a tudo em volta e, súbito, um sentimento desagradável de irresolução o domina. Apesar dessa voz de covardia em vista do perigo que toma forma dentro de si, você não deixa de perceber o soldado que, agitando os braços e patinando na lama líquida sob a colina, o ultrapassa a trote e em largas risadas — você impõe silêncio a essa voz interior, involuntariamente corrige a postura, levanta a cabeça e escala a colina escorregadia e argilosa. Mal avançou um pouco em direção ao cume, à direita e à esquerda começam a zunir balas de carabina, e você talvez considere se não é melhor ir pela trincheira que segue paralela ao caminho; mas o local está repleto de uma lama tão líquida, amarela, fétida, alta até o joelho, que certamente você se decidirá pelo caminho ordinário, ainda mais após perceber que *todos tomam esse caminho*. Vencendo uns duzentos passos, você alcança o terreno enlameado e sulcado, cercado de todos os lados por gabiões, aterros, paióis, plataformas, subterrâneos, nos quais estão depositadas as grandes armas de ferro e balas de canhão em montes organizados. Tudo isso lhe parece um amontoado sem qualquer sentido, sem sequência ou ordem. Aqui na bateria há um grupo de marinheiros; ali no meio de uma esplanada, meio enterrado na lama, um canhão danificado; acolá, um soldadinho de infantaria em armas caminha em direção à bateria e com dificuldade desprende os pés da lama viscosa. Mas por toda parte, em todos os cantos e lugares, acham-se cacos, bombas não explodidas, balas, traços de acampamentos, e tudo isso meio submerso na lama líquida e viscosa. Parece-lhe escutar, perto de onde está, o golpe de um projétil; parece que escuta, de todos os lados, sons diversos de balas — zunidos como os das abelhas, silvos rápidos e agudos como os de uma corda que vibra — escuta o horrível estrondo do tiro de canhão, que a todos abala e que lhe parece a coisa mais terrivelmente assustadora.

"Então, isso é o quarto bastião, assim é que é, horrível, realmente um lugar pavoroso!", você pensa consigo mesmo, experimentando um pequeno sentimento de orgulho e um grande sentimento de medo reprimido. Mas, sem querer lhe decepcionar: ainda não é o quarto bastião. É o reduto Iazónov — uma posição relativamente bem tranquila e nada terrível. Para ir ao quarto bastião pegue a direita, siga essa trincheira estreita em que caminha, curvado, um soldadinho de infantaria. Por essa trincheira, é possível que você encontre novamente maqueiros, marinheiros, soldados com pás; que veja artefatos de minas, abrigos na lama onde apenas duas pessoas podem se introduzir, abaixadas; lá você verá os atiradores cossacos dos batalhões do Mar Negro trocarem seus calçados, comerem, fumarem seus cachimbos, viverem a vida; e verá novamente, e por todos os lados, aquela mesma lama fétida, traços de acampamento e sucatas de ferro jogadas a perder de vista. Vencidos mais trezentos passos, você atinge novamente uma bateria em uma pequena esplanada sulcada por fossos e rodeada por gabiões cobertos de terra, por armas sobre plataformas e por aterros. Aqui talvez você veja uns cinco marinheiros jogando cartas sob alguma barreira e um oficial da marinha que, percebendo em você um recém-chegado curioso, lhe mostrará com satisfação sua instalação e tudo o mais que possa lhe interessar. Esse oficial enrola tão calmamente um cigarro em papel amarelo, sentado sobre um canhão, passeia tão calmamente de uma canhoneira a outra, fala com você tão tranquilamente, sem a menor afetação, que, apesar das balas, que zunem mais frequentes que antes sobre a sua cabeça, você adquire certo sangue-frio e passa a indagar ou escutar com atenção os relatos do oficial. Esse oficial contará a você — mas apenas se o inquirir — sobre o bombardeio do dia cinco; contará que em sua bateria apenas um canhão estava apto a atirar e que de todos os que ali serviam, restaram-lhe somente oito homens; mas que apesar disso, na manhã do dia seis, ele mesmo *disparou*[10] com todos os canhões; contará a você que no dia cinco caiu uma bomba sobre o abrigo dos marinheiros e deitou por terra onze homens; mostrará, através da canhoneira, as baterias e trincheiras inimigas, não longe dali, não mais que trinta ou quarenta braças. Entretanto, eu receio que, atraído pelo zunir das balas, você queira espiar pela canhoneira a fim de observar o inimigo: você não verá nada, e se vir, então perceberá que esse amontoado branco de pedras tão perto de si, de onde irrompem pequenas fumaças brancas, esse amontoado branco é precisamente o inimigo — *ele*, como dizem os soldados e marinheiros.

E é até mesmo bem possível que o oficial da marinha, por vaidade ou simplesmente a fim de proporcionar a si próprio alguma satisfação, queira atirar um pouco em sua presença. “Chame para o canhão o chefe da bateria e os que estão de serviço”, e cerca de quatorze marinheiros vivazes e alegres, um enfiando seu cachimbo no bolso, outro terminando de mastigar seu pão seco, batendo com suas botas ferradas pela plataforma, aproximam-se do canhão e o carregam. Repare no rosto, na postura, nos movimentos dessa gente: em cada ruga desses rostos queimados, de zigomas salientes, em cada músculo desses largos ombros, na espessura desses pés calçados em enormes botas, em cada movimento calmo, preciso e ponderado, mostram-se os principais traços do que constitui a força do homem russo — sim-

[10] Os marinheiros sempre dizem “disparar”, e não “atirar”. [Nota do autor.]

plicidade e obstinação; mas aqui, além desses traços, lhe parece que o mal e os sofrimentos da guerra acrescentaram a cada rosto vestígios da consciência de sua própria dignidade e grandeza de pensamento e sentimento.

Súbito, um estrondo abala não apenas os seus ouvidos, mas todo o seu ser; golpeia-o de tal forma que faz tremer todo o seu corpo. Em seguida, você ouve o silvo de um projétil que se distancia, e uma espessa fumaça de pólvora o envolve, cobrindo a plataforma e as figuras escuras dos marinheiros que nela se movimentam. Por ocasião desse nosso tiro você ouvirá diversos comentários dos marinheiros, verá seu entusiasmo e a explosão de um sentimento que talvez não esperasse ver — o sentimento de cólera, de vingança contra o inimigo, que se esconde na alma de cada um deles. "Caiu bem ali, na *canoneira*;[11] deve de ter matado uns dois... o diabo os leve", você os escuta dizer entre exclamações de alegria. "Mas *ele* vai ficar enfurecido: vai mandar pra cá", diz alguém; e, realmente, logo em seguida você verá à sua frente um relâmpago, uma fumaça; a sentinela postada na barreira grita: "Ca-a-nhão!". E imediatamente uma bala passa à sua frente ganindo, baqueia contra a terra e abre uma cratera, respingando lama e pedra em torno de si. O chefe da bateria enfurece-se com esse tiro, ordena carregar um segundo e um terceiro canhões, o inimigo também vai responder a isso, e você experimenta impressões curiosas, vai ver e ouvir coisas interessantes. A sentinela grita novamente: "Canhão!", e você escuta aquele mesmo ruído, o choque, e depois o mesmo respingo; ou a sentinela grita: "*Markela!*"[12] e você escuta aquele assobiar regular e bastante agradável da bomba, com o qual dificilmente se associaria uma ideia de horror; você escuta esse assobio se aproximar e acelerar, depois vê uma esfera negra, o choque na terra, o perceptível ressoar da explosão da bomba. Estilhaços voam e se espalham com assobios e ganidos, pedras se chocam

[11] Pronúncia popular para "canhoneira".

[12] "Morteiro!" [Nota do autor.]

no ar e respingam lama sobre você. Ante esses sons, você experimenta uma estranha sensação de prazer misturada a medo. Nesse momento, é como se o projétil voasse direto para você e, necessariamente, vem à sua cabeça a ideia de que irá matá-lo; mas o sentimento de amor-próprio o sustenta, e ninguém nota o golpe de punhal que transpassa seu coração. Pouco depois, vendo que o projétil passou sem o atingir, você se reaviva e certo sentimento de alegria, de indescritível prazer, te domina ainda que por um instante, uma vez que você encontrou um atrativo especial no perigo, nesse jogo de vida e morte; você passa a desejar que o projétil ou bomba mergulhe mais e mais perto de você. E eis que a sentinela grita mais uma vez com sua voz alta e rude: "*Markela!*", novamente o assobio, o choque e a explosão da bomba; mas dessa vez, junto com esses ruídos, surpreende-o um gemido humano. Você se aproxima do ferido, que em meio a sangue e lama possui um aspecto estranhamente inumano, ao mesmo tempo em que chegam os maqueiros. Rompera-se uma parte do peito do marinheiro. Nos primeiros instantes, no rosto salpicado de lama lê-se espanto e certo ar de uma apreensão simulada da dor, natural a qualquer pessoa naquela situação; mas enquanto o carregam para a maca e ele se estende sobre seu flanco saudável, você nota que sua expressão muda, que assume um ar de certo enlevo que denota pensamentos elevados, indizíveis: seus olhos ardem mais vivamente, os dentes trincam, a cabeça levanta com esforço; no momento em que o erguem, ele detém os maqueiros e, com dificuldade, com a voz trêmula, diz a seus companheiros: "Adeus, irmãos!", ainda quer dizer algo e vê-se bem que quer dizer algo tocante, mas apenas repete uma vez mais: "Adeus, irmãos!". Nesse momento um marinheiro se aproxima dele, cobre com um quepe a cabeça que o ferido lhe estende e, tranquilo, indiferente, agitando os braços, retorna às suas armas. "É assim todo dia com sete ou oito homens", lhe diz o oficial da marinha em resposta à expressão de horror estampada em seu rosto, ao mesmo tempo em que boceja e enrola o cigarro em papel amarelo...

***

Você viu, então, os defensores de Sebastopol no próprio lugar da defesa e, durante o seu retorno, por algum motivo não dá nenhuma atenção às balas e projéteis que continuam a silvar por todo o percurso até o teatro das ruínas — você caminha com a alma tranquila e elevada. Sobretudo, carrega a convicção consoladora da impossibilidade de que venham a tomar Sebastopol, e não apenas de que venham a tomar Sebastopol, mas de que venham a abalar a força do povo russo, sejam quais forem as circunstâncias — e você vê essa impossibilidade não na multidão de vigas, barreiras, trincheiras ardilosas, minas e armas, amontoados de que você nada compreendeu, e sim nos olhos, nas falas, nas ações, naquilo que se chama o espírito dos defensores de Sebastopol. Aquilo que fazem, fazem-no com tanta simplicidade, com tão pouca contenção e esforço, que você tem a convicção de que ainda podem fazê-lo umas cem vezes mais... de que podem fazer tudo. Você percebe que o sentimento que os impele a trabalhar não é um sentimento de mesquinhez, de vaidade ou distração como aquele que te anima, mas algo bem diverso e mais poderoso, algo que faz deles uma gente que consegue viver de forma calma sob as balas, exposta a cem mortes casuais em lugar de uma única a que estão sujeitas as pessoas comuns, uma gente que consegue viver nessas condições, em meio a trabalhos ininterruptos, vigília e lama. Condecorações, títulos e ameaças não poderiam fazer essa gente aceitar condições tão horríveis: é necessário que haja alguma outra motivação, mais elevada. E essa motivação surge de um sentimento que raramente se manifesta e do qual o russo sente pudor, mas que habita as profundezas da alma de cada um: o amor à pátria. Só agora os relatos sobre os primeiros tempos do cerco a Sebastopol — quando lá não havia fortificações nem tropas, não havia meios físicos de resistência e, apesar disso, não havia a menor sombra de dúvidas de que não se entregaria ao inimigo — sobre os tempos em que esse herói, Kornilóv, digno da Grécia antiga, dizia, percorrendo as tropas:

"Morreremos, rapazes, mas não entregaremos Sebastopol", a que os nossos russos, não afeitos a fraseologias, respondiam: "Morreremos! Hurra!". Só agora os relatos sobre esses tempos podem deixar de ser para você uma bela lenda histórica para receberem a autenticidade dos fatos. Você perceberá isso claramente e poderá imaginar essa gente que acabou de ver, esses heróis que em meio a tempos difíceis não perderam a coragem, mas que mantiveram espírito altaneiro e, com deleite, prepararam-se para morrer, não pela cidade, mas pela pátria. Por muito tempo essa epopeia de Sebastopol deixará na Rússia marcas grandiosas, em que o herói é o povo russo...

Já cai o anoitecer. O sol, antes de se pôr, surge por detrás das nuvens que cobrem o céu e, súbito, inunda de uma luz púrpura as nuvens lilases, o mar esverdeado repleto de barcos e botes que balançam à ondulação larga e regular da maré, as construções brancas da cidade, e o povo que se movimenta pelas ruas. Pelas ondas ecoam os sons de uma valsa antiga tocada no bulevar pela banda de música de um regimento, e ecoam os sons dos tiros dos bastiões, a fazer-lhe um estranho acompanhamento.

Sebastopol, 25 de abril de 1855

Sebastopol em maio

1.

Já haviam se passado seis meses desde que o primeiro projétil detonado pelos bastiões de Sebastopol silvara e explodira na terra das fortificações inimigas e, desde então, milhares de bombas, obuses e balas não cessavam de voar dos bastiões às trincheiras e das trincheiras aos bastiões e o anjo da morte continuava pairando sobre todos.

Milhares de criaturas tiveram seu amor-próprio ultrajado, milhares tiveram seu orgulho satisfeito e milhares repousaram nos braços da morte. Quantas estrelinhas espetadas, quantas colhidas, quantas Ana, quantos Vladímir, quantos túmulos róseos, quantas camadas de véus! E sempre aqueles mesmos sons a ressoar dos bastiões; sempre os franceses a observar de seu campo, pela noite clara, com involuntário tremor e secreto horror, a terra sulcada e amarelada dos bastiões em que se movimentam as figuras escuras dos nossos marinheiros, e a contar as canhoneiras de onde sobressaem, ameaçadores, os canhões de ferro fundido; sempre o sargento a observar pela luneta, da torre do telégrafo, as figuras multicores dos franceses, suas baterias, tendas, colunas a se deslocarem pela montanha Verde e as fumaças que se elevam sobre as trincheiras; e sempre multidões heterogêneas, pessoas de várias partes do mundo, com desejos ainda mais variados, a se precipitarem para este fatídico lugar, animadas por um mesmo ardor.

E a questão, não decidida pelos diplomatas, decide-se menos ainda pela pólvora e pelo sangue.

Frequentemente me vem um pensamento estranho: e se um dos lados beligerantes propusesse ao outro enviar de cada exército um a um os soldados? Pode parecer um desejo estranho, mas por que não executá-lo? Enviariam, depois, um segundo soldado de cada lado, em seguida um terceiro, um quarto e assim por diante, até que restasse apenas um soldado a cada exército (supondo que os exércitos tivessem forças equivalentes e que a quantidade fosse substituída pela qualidade). E então, se entre representantes racionais de seres racionais, questões políticas complexas devem de fato decidir-se pela briga, que se engalfinhem esses dois soldados — um a tomar a cidade, outro a defendê-la.

Esse raciocínio parece paradoxal, mas é plausível. De fato, qual seria a diferença entre um russo que luta contra um representante dos aliados e oitenta mil que lutam contra oitenta mil? Por que não cento e trinta e cinco mil contra cento e trinta e cinco mil? Por que não vinte mil contra vinte mil? Por que não vinte contra vinte? Por que não um contra um? Nenhuma dessas hipóteses é de forma alguma mais lógica do que a outra. Se bem que a última é até mais lógica, porque mais humana. Das duas, uma: ou a guerra é loucura, ou as pessoas, por praticarem essa loucura, não são absolutamente seres racionais como costumamos pensar sabe-se lá por quê.

2.

Na Sebastopol sitiada, a banda militar tocava marchas sobre o bulevar, ao redor do pavilhão, e uma multidão de militares e mulheres, endomingados, circulava pelas aleias. O sol luminoso da primavera se levantara cedo sobre a labuta dos ingleses, atingira os bastiões, depois a cidade, a caserna Nikolai e, após estender sua alegre luminosidade a todos uniformemente, baixava agora sobre o vasto mar azul, que refletia, em suas ondulações regulares, um brilho prateado.

Um oficial de infantaria, alto, um pouco encurvado, vestindo luvas limpas, embora não muito brancas, transpôs o portão de um dos pequenos casebres de marinheiros construídos do lado esquerdo da rua Morskáia, e dirigiu-se para o bulevar, olhando pensativamente para os seus pés. A expressão nada bela de seu rosto de testa estreita acusava uma embotada capacidade intelectual, mas também sensatez, honestidade e propensão à ordem. Estava bastante mal composto — possuía pernas compridas, era desajeitado, e parecia tímido em seus movimentos. Vestia um boné não muito surrado, um capote de tecido fino de um tom lilás um tanto bizarro e de cuja orla sobressaía a corrente de ouro de um relógio; usava calças com presilhas e botas de pele de bezerro limpas e lustrosas, embora com saltos um pouco gastos de todos os lados. Mas não exatamente por esses detalhes, incomuns em oficiais de infantaria, e sim pela expressão geral da sua *persona*, qualquer olhar militar experiente imediatamente reconheceria nele, não um oficial comum, mas alguém de graduação um pouco mais alta. Ele poderia ser um alemão, se os traços do rosto não denunciassem sua origem puramente russa, ou um ajudante de ordens, ou um furriel de regimento (mas, nesse caso, usaria esporas), ou mesmo um oficial transferido da cavalaria, talvez da guarda, por ocasião da campanha. Ele, de fato, havia sido transferido da cavalaria e, nesse momento, subindo a rua em direção ao bulevar, pensava em uma carta que acabara de receber de um velho camarada seu — senhor de terras da província T., atualmente reformado — e da mulher deste, a pálida Natacha de olhos azuis, que era sua grande amiga. Lembrava-se de uma passagem da carta em que o camarada lhe escrevia:

"Mal nos chega *O Inválido*[13] e Púpka (assim o ulano[14] reformado chama sua esposa) se precipita às pressas à antessala, pega os jornais e corre com eles para a *cadeira em S do salão* (onde, lembra-te, passávamos agradáveis noites de inverno, sempre que o regimento se detinha em nossa cidade), e se põe a ler sobre as *vossas* proezas com um ardor de que não fazes ideia. Ela frequentemente fala de ti: "Aqui está... Mikháilov!", diz, "que homem querido, sou capaz de beijá-lo muito quando o vir; está se batendo nos bastiões e certamente vai receber a cruz de São Jorge, e os jornais escrevem sobre ele" etc., etc., e eu, decididamente, começo a sentir ciúmes de ti". Em outra passagem, escreve: "Os jornais nos chegam bem atrasados, já as notícias do boca a boca são muitas, mas não podemos dar crédito a todas elas. Por exemplo, as *senhoras da música*, que tu bem conheces, disseram ontem que Napoleão teria sido capturado por nossos cossacos e enviado a Petersburgo; imagine que crédito posso dar a isso. Um recém-chegado de Petersburgo nos contou (ele está ligado por alguma missão especial a um ministro e é uma pessoa encantadora; e agora que não há mais ninguém na cidade, tu não podes imaginar que *rissurce*[15] é ele para nós) — pois ele nos afirma de fonte segura que os nossos ocuparam Eupatória, de modo que *os franceses perderam comunicação com Balakláva*, e que nessa manobra foram mortos duzentos dos nossos, enquanto que os franceses perderam quinze mil. Minha mulher ficou tão entusiasmada que *farreou* a noite toda, e está convicta de que certamente tomastes parte nesta ação e te distinguistes..."

A despeito das palavras e expressões que eu intencionalmente sublinhei, e do tom geral da carta — que certamente dará ao leitor presunçoso uma ideia sinceramente desfavorável tanto a respeito dos modos do capitão-ajudante Mikháilov, com suas botas um pouco gastas, quanto a respeito do seu camarada que escreve *rissurce* e possui uma estranha noção de geografia, e de

[13] Jornal oficial do exército russo.

[14] Soldado de cavalaria.

[15] "Recurso", do francês *ressource* (no original, grafado em russo).

sua pálida amiga sentada na cadeira em S (talvez não sem fundamento o leitor tenha imaginado essa Natacha com unhas sujas) e, em geral, de todo esse pequeno círculo provinciano, que o leitor considera ocioso e desprezível — a despeito disso, o fato é que o capitão-ajudante Mikháilov lembrava-se com inexprimível deleite melancólico de sua pálida amiga provinciana sentada a seu lado noites inteiras, enquanto ele a entretinha com conversas sobre *sentimentos*; lembrava-se de seu bom camarada ulano, de como se zangava ao ter de pagar apostas, quando acontecia de jogarem a copeque em seu gabinete, de como a esposa se ria dele nessas ocasiões; lembrava-se da amizade que essas pessoas lhe devotavam (parecia-lhe que da parte da sua pálida amiga talvez houvesse algo mais): todas essas personagens, com suas particularidades, desfilavam pela sua imaginação, banhadas por uma luz surpreendentemente doce, agradável e rósea; e ele, sorrindo ante tais lembranças, apalpava o bolso em que se achava essa deliciosa carta. Essas lembranças exerciam tamanho fascínio sobre o capitão-ajudante Mikháilov, que o ambiente do regimento de infantaria onde ora vivia parecia-lhe bastante inferior àquele que frequentara antes, na qualidade de oficial de cavalaria e de cavaleiro a serviço das damas, onde era sempre muito bem recebido, por toda parte, na cidade de T.

Seu mundo anterior era a tal ponto superior ao atual que, nos momentos em que lhe acontecia narrar com sinceridade aos camaradas de infantaria sobre as carruagens que possuíra, os bailes do governador que frequentara e as jogatinas de que participara ao lado do general do estado-maior, estes o escutavam com indiferença e incredulidade, como se apenas não quisessem contradizê-lo ou pô-lo a prova: "Que diga o que quiser", pensavam; e se Mikháilov não manifestava nenhum desprezo pela farra dos camaradas — pela vodca, pelo jogo a um quarto de copeque com cartas velhas e, em geral, por toda a grosseria dos seus modos — deve-se atribuir sua conduta ao seu caráter dócil, polido e sensato.

Das lembranças, o capitão-ajudante Mikháilov passou, involuntariamente, aos sonhos e esperanças. "E qual não será a surpresa e alegria de Natacha", pensava, caminhando com suas botas um pouco gastas por uma ruela estreita, "ao ler, de repente, n'*O Inválido*, que fui o primeiro a tomar de assalto um canhão, e que, por tal ato de bravura, recebi a cruz de São Jorge... Conferem-me por antiga recomendação o grau de capitão. Depois, será ainda mais fácil me tornar major este ano, porque muitos foram mortos e certamente muitos dos nossos ainda morrerão nesta campanha. E então, haverá novamente um combate e, por ter me tornado famoso, me confiarão um regimento... lugar-tenente coronel... a condecoração de Sant'Ana no pescoço... coronel...", e ele já era general e merecedor das visitas de Natacha, viúva do antigo camarada que, em seus sonhos, morria no momento em que os sons da música do bulevar chegavam mais nítidos a seus ouvidos, e que uma multidão de pessoas passava a desfilar sob seus olhos, e ele se viu no bulevar, capitão-ajudante de infantaria como antes, nem um pouco mais célebre, mas desajeitado e tímido.

3.

De início, aproximou-se do pavilhão, ao pé do qual se encontravam os músicos e outros soldados do mesmo regimento que lhes serviam de atril, mantendo abertas as partituras. Ao redor dos músicos, mais observando do que escutando, havia um pequeno grupo composto por escribas, *junkers*,[16] crianças com babás e oficiais em velhos capotes. Em torno do pavilhão, viam-se pessoas de pé, sentadas ou circulando, em sua maior parte marinheiros, ajudantes de campo e oficiais de luvas brancas e capotes novos. Pela aleia principal do bulevar caminhava toda sorte de oficiais, toda sorte de mulheres, às vezes usando chapéus, a maior parte das vezes com a cabeça coberta por lenços

---

[16] Militar voluntário, proveniente das famílias ricas, sem posto de oficial.

(e também sem lenços e sem chapéus), mas nenhuma era velha, o notável é que todas eram jovens. Mais abaixo, pelas aleias sombreadas de onde exalava um perfume de acácias brancas, grupos isolados passeavam ou permaneciam sentados.

Ninguém manifestou qualquer alegria particular ao encontrar o capitão-ajudante Mikháilov no bulevar, exceção feita, talvez, aos capitães do seu regimento Óbjogov e Súslikov, que lhe deram um caloroso aperto de mão. Mas o primeiro vestia calças de pele de camelo, capote esgarçado, não usava luvas e tinha o rosto vermelho e suarento; o segundo gritava tão alto e em linguagem tão descosturada, que dava vergonha caminhar ao lado deles, sobretudo em presença de oficiais de luvas brancas, dentre os quais um deles, ajudante de ordens, o capitão-ajudante Mikháilov saudou, e outro, oficial do estado-maior, pôde igualmente receber suas saudações, já que por duas vezes se encontraram através de um amigo comum. De mais a mais, que prazer ele poderia obter em passear com esses senhores Óbjogov e Súslikov, já que os encontra ao menos seis vezes por dia e apertam-se as mãos? Não foi para isso que veio *à música*.

Desejava se aproximar do ajudante de ordens, a quem saudou, e entabular uma conversa com aqueles senhores, não exatamente para que os capitães Óbjogov, Súslikov, o lugar tenente Pachtiétski e outros o vissem junto àqueles oficiais, mas simplesmente porque são pessoas agradáveis, e além do mais sabem de tudo o que acontece, poderiam lhe contar as novidades...

Mas o que temia o capitão-ajudante Mikháilov, por que não se decidia a se aproximar deles? "E se de repente não me cumprimentam", pensava, "ou me cumprimentam, mas continuam a falar entre eles como se eu não existisse, ou mesmo vão embora e me deixam sozinho entre os *aristocratas*?" O termo *aristocrata* (designando altas e seletas rodas, independente da condição social) assimilado por nós na Rússia, onde a rigor não deveria ter nenhum sentido, ganhou, depois de algum tempo, grande popularidade e penetrou em todos os rincões e camadas da sociedade em que se infiltrava a vaidade (e quais são as épocas, quais as circunstâncias em que não se infiltra essa paixão ignóbil?): entre comerciantes, funcionários, escribas, oficiais, em Sarátov, Mamadích, Vínnitsi, por toda parte onde há gente. E como há muita gente na Sebastopol sitiada, há, consequentemente, muita vaidade, ou seja, *aristocratas*, embora a morte paire a cada minuto sobre a cabeça de todos, *aristocratas* e *não aristocratas*.

Para o capitão Óbjogov, o capitão-ajudante Mikháilov é um *aristocrata* porque possui um capote limpo e luvas, e por isso não o tolera, apesar de respeitá-lo um pouco. Para o capitão-ajudante Mikháilov, o ajudante de ordens Kalúguin é um *aristocrata* por ser ajudante de ordens e usar a forma "tu" ao dirigir-se aos seus iguais, e por isso não simpatiza muito com ele, apesar de temê-lo. Para o ajudante de ordens Kalúguin, o conde Nordóv é um *aristocrata* porque é um mestre de campo, e por isso sempre o recrimina e despreza do fundo da alma. Terrível palavra: *aristocrata*. Por que o subtenente Zóbov está com esse riso forçado, se nada de engraçado acontece perto do seu camarada que está a conversar com um oficial do estado maior? Para mostrar a eles que, apesar de não ser *aristocrata*, não é nem um pouquinho pior do que eles. Por que o oficial do estado-maior fala com uma voz tão débil, rude e negligente em vez de usar a própria voz? Para mostrar ao seu interlocutor que é um *aristocrata* e que está sendo bastante condescendente ao se permitir dialogar com um subtenente. Por que o *junker* agita tanto os braços e dá piscadelas enquanto segue essa senhora a quem vê pela primeira vez e de quem não ousa se aproximar? Para mostrar a todos os oficiais que, apesar de ter de tirar o chapéu para eles, é um *aristocrata* e está muito feliz. Por que o capitão de artilharia dirige-se de forma tão grosseira ao inofensivo oficial? Para mostrar a todos que não é um bajulador e que não necessita dos *aristocratas*, etc., etc., etc.

Vaidade, vaidade e vaidade por toda parte — mesmo à beira do túmulo e entre pessoas que se preparam para morrer por alguma alta convicção. Vaidade! Ela deve ser o traço característico e a doença particular do nosso século. Por que motivo não se ouvia falar entre os antigos desse horror, como se ouvia falar da varíola e da cólera? Por que motivo no nosso século há apenas três tipos de gente: os que recebem o princípio da vaidade como fato consumado e necessário, portanto, justo, e se submetem voluntariamente a ele; os que o recebem como infelicidade, mas como condição inevitável; e os que inconscientemente agem de forma servil sob sua influência...? Por que motivo os Homeros e os Shakespeares falavam de amor, de glória e de sofrimento, e a literatura do nosso tempo não passa de uma interminável novela de "Esnobismos" e "Vaidades"?

O capitão-ajudante Mikháilov passou duas vezes, indeciso, frente ao círculo dos *seus aristocratas*; da terceira vez, tirou forças de dentro de si e aproximou-se. Contavam nesse círculo quatro oficiais: o ajudante de ordens Kalúguin, conhecido de Mikháilov, o também ajudante de ordens príncipe[17] Gáltsin, que Kalúguin considerava um antigo aristocrata, o tenente-coronel Niefiórdov, que fazia parte de um grupo da alta sociedade conhecido como *os cento e vinte dois* — homens que reingressaram no serviço depois de reformados, em parte por patriotismo, em parte por ambição e, o principal, porque *todos* o faziam; e o capitão de cavalaria Praskúkhin, também um dos cento e vinte dois heróis, um solteirão do clube de Moscou que se uniu ao grupo dos descontentes: aqueles que nada faziam, de nada entendiam, mas condenavam toda e qualquer ordem dos chefes. Para felicidade de Mikháilov, Kalúguin estava de excelente humor (o general havia acabado de lhe falar em toda confiança, e o príncipe Gáltsin, ao chegar de Petersburgo, havia lhe visitado) e não considerou humilhante estender a mão ao capitão-ajudante Mikháilov; por outro lado, tal coisa não se decidiu a fazer Praskúkhin, apesar de já haver se encontrado amiúde com Mikháilov no bastião, bebido de seu vinho e vodca reiteradas vezes, e mesmo dever-lhe a soma de doze rublos e meio, dívida do jogo *preference*.[18] Não

---

[17] Na Rússia, "príncipe" é apenas um título de nobreza, não tendo relação com a família real. O filho do tsar é chamado tsariévitch.

[18] Jogo de cartas.

conhecendo bem o príncipe Gáltsin, Praskúkhin não quis revelar diante dele suas relações com um simples capitão-ajudante de infantaria; limitou-se a uma breve mesura.

— Então, capitão — disse Kalúguin —, quando voltaremos aos bastiões? Lembra-se de como nos encontramos no reduto Schwartz?[19] Pegava fogo, hein?

— Sim, pegava fogo — disse Mikháilov, que recordava com desprazer a triste figura que havia feito naquela noite, quando, caminhando todo encurvado pela trincheira até o bastião, encontrou Kalúguin, que seguia ereto, com grande valentia, fazendo soar seu sabre animadamente.

— Na verdade, eu deveria voltar amanhã, mas como temos um oficial doente — prosseguiu Mikháilov —, então...

Ele queria contar que não era o seu turno, mas que, ante a súbita indisposição do comandante da oitava companhia, restara ali apenas o sargento e, assim, considerava sua obrigação se oferecer para substituir o tenente Niepchítchetski e por isso retornaria ainda hoje ao bastião. Kalúguin o interrompeu:

— Sinto que dentro de alguns dias alguma coisa vai acontecer — disse ele para o príncipe Gáltsin.

— E hoje, não pode acontecer algo? — perguntou timidamente Mikháilov, dando uma olhada ora para Kalúguin, ora para Gáltsin. Ninguém lhe respondeu. O príncipe Gáltsin apenas fez um muxoxo, lançou um olhar acima do boné do seu interlocutor e, após um breve silêncio, disse:

— Bela moça, essa de lenço vermelho. Você não a conhece, capitão?

— É filha de um marinheiro, mora perto da minha casa — respondeu o capitão-ajudante.

— Vamos espiá-la melhor.

E o príncipe Gáltsin puxou ambos Kalúguin e o capitão-ajudante pelo braço, persuadido de que este último não poderia se furtar a proporcionar-lhe tal prazer, o que era exato.

---

[19] Situado entre o quarto e o quinto bastiões.

O capitão-ajudante era supersticioso e considerava um grande pecado ocupar-se com mulheres pouco antes de se engajar em alguma ação, mas, nesse caso, fingiu-se um grande devasso, no que claramente não acreditaram nem Kalúguin, nem o príncipe, e ainda deixou a moça de lenço vermelho muito surpresa, já que por várias vezes ela havia notado como o capitão-ajudante enrubescia ao passar sob sua janelinha. Praskúkhin recuou e, puxando o príncipe pelo braço, fez-lhe várias admoestações em francês. Mas como não era possível que caminhassem os quatro lado a lado pela aleia, viu-se obrigado a seguir sozinho, e foi apenas na segunda volta que tomou pelo braço o famoso oficial da marinha Sierviáguin, que dele havia se aproximado procurando entabular uma conversa, desejoso de se reunir também ao círculo dos *aristocratas*. E este valentão famoso passou seu braço honesto e musculoso pelo de Praskúkhin, que era uma figura bem conhecida de todos, sobretudo dele próprio, Sierviáguin. Praskúkhin, ao explicar ao príncipe Gáltsin suas relações com *este* marinheiro, sussurrou-lhe ao ouvido que se tratava de um bravo ilustre, mas o príncipe, que no dia anterior havia visto uma bomba explodir a vinte passos de si no quarto bastião, julgou-se não menos bravo que esse senhor e, constatando que se adquire muita reputação por nada, não deu a mínima atenção a Sierviáguin.

O capitão-ajudante Mikháilov experimentava tanta satisfação ao passear em tais companhias, que se esqueceu da doce carta que chegara de T., esqueceu os pensamentos sombrios que o haviam assaltado a propósito de sua partida iminente para o bastião e, o principal, esqueceu que às sete horas deveria estar em casa. Permaneceu com os seus companheiros até o momento em que se puseram a falar exclusivamente entre eles e a evitar seus olhares, dando-lhe a entender que deveria ir embora; por fim, eles o deixaram. Mesmo assim, o capitão-ajudante não poderia estar mais satisfeito e, ao cruzar com o *junker* barão Piest — orgulhoso e cheio de si por ter passado a noite anterior, pela primeira vez, na blindagem do quinto bastião, considerando-se, em consequência, um herói — Mikháilov de forma alguma se intimidou com a expressão desdenhosa e altiva do *junker* e, à sua passagem, tirou o boné.

4.

Mal o capitão-ajudante cruzou a soleira de sua casa, pensamentos bem diversos vieram-lhe à cabeça. Olhou para o seu pequeno quarto com chão de terra batida irregular, para as janelas tortas tapadas com papel, para sua cama velha com um tapete pregado acima da cabeceira representando uma amazona e do qual pendiam duas pistolas de Tula, a cama suja e com coberta de chita do *junker* que vivia com ele; olhou para o seu Nikita de cabelos arrepiados e sebosos que, se coçando todo, levantava-se do chão; olhou para o seu velho capote, para as botas e o fardel, de onde entrevia a extremidade de uma barra de queijo e o gargalo de um cantil com vodca, preparados para a partida ao bastião; e lembrou-se, de repente, com um sentimento semelhante a pavor, de que deverá passar a noite toda com a companhia nas casamatas.

"Certamente serei morto hoje", pensava ele, "eu sinto. E o pior é que eu não precisava ir, eu mesmo me ofereci. São sempre os que pedem para ir que são mortos. Adoeceu de quê, esse miserável Niepchítchetski? É bem possível que não esteja doente coisa nenhuma, e por causa dele vão matar um homem, certamente vão matar. Se não matarem, será promovido na certa. Eu percebi como o comandante do regimento ficou satisfeito quando pedi permissão para me juntar a eles, uma vez que o tenente Niepchítchetski estava doente. Se eu não sair major, irei para Vladímir, na certa. Afinal, já é a décima terceira vez que vou aos bastiões. Ah! Treze! Número detestável! Sim, certamente serei morto, eu sinto que serei morto; mas é preciso que alguém vá, não é possível que a companhia marche apenas com um sargento; e se vier a acontecer algo, bem, será pela honra do regimento, é a honra do exército que está em jogo. Meu *dever* é estar lá... sim, *dever*. Mas há um pressentimento". O capitão-ajudante esquecia que esse mesmo pressentimento lhe vinha toda vez que partia para os bastiões, em maior ou menor grau, e ignorava que todos os que seguiam a combate experimentavam semelhante sensação, também em graus diferentes. Tranquilizando-se um pouco ante a noção do dever, que para o capitão-ajudante, assim como em geral para todas as pessoas, era algo particularmente forte e vivo, sentou-se à mesa e pôs-se a escrever uma carta de despedida a seu pai, com quem nos últimos tempos havia se desentendido por questões financeiras. Após dez minutos, terminada a carta, levantou-se da mesa com os olhos marejados de lágrimas, recitou em pensamento todas as orações que sabia (porque tinha vergonha de rezar a Deus em voz alta) e começou a vestir-se. Quis beijar a pequenina imagem do santo Mitrofane, uma benção deixada por sua falecida mãe e à qual dedicava uma fé especial, mas como se envergonhava de fazê-lo na presença de Nikita, soltou-a na sobrecasaca de maneira a que pudesse puxá-la sem ter que se desabotoar, quando estivesse na rua. O criado, bêbado e rude, lhe estendeu preguiçosamente o novo capote (o velho, que normalmente usava para ir aos bastiões, estava descosturado).

— Por que o capote não foi consertado? Tu só sabes dormir, palerma! — disse Mikháilov furioso.

— Só dormir? — resmungou Nikita. — O dia todo é correr como um cão: aguenta! E agora não se pode dormir um pouco.

— Estou vendo, tu estás bêbado de novo.

— Não bebo com o dinheiro do senhor, por que me censura?

— Cala-te, animal! — gritou o capitão-ajudante pronto a bater no sujeito; já antes excitado, agora perdia toda a paciência, irritado com a grosseria de Nikita, a quem, de resto, ele amava e cumulava de mimos, e com quem já vivia há doze anos.

— Animal! Animal! — repetia o criado. — E por que me xinga de animal, senhor? E ainda mais agora, num momento desses? Não é bom brigar.

Lembrando-se do lugar para onde iria naquele momento, Mikháilov sentiu vergonha.

— Vê, tu me fazes perder a paciência, Nikita — disse ele com voz dócil. — Essa carta é para o meu pai, vou deixá-la sobre a mesa, não mexe — acrescentou, ruborizando-se.

— Sim, senhor — disse Nikita, tornando-se meigo por ação do vinho que bebera, como disse, "com o seu próprio dinheiro", e piscando os olhos, com nítido desejo de chorar.

Quando, da soleira da porta, o capitão-ajudante disse: "Adeus, Nikita!". Este, a contragosto, rompeu em soluços, atirou-se ao seu *bárin*[20] e beijou-lhe as mãos. "Adeus, *bárin*!", disse-lhe aos soluços.

A esposa velha de um marinheiro, de pé na soleira da porta, não pôde, mulher que era, não se solidarizar com cena tão emocionante: pôs-se a enxugar os olhos em suas mangas sujas e a contar histórias de alguns senhores que haviam igualmente padecido tais tormentos, e também a respeito de si própria, mulher pobre que se tornara viúva, e narrou pela centésima vez ao bêbado Nikita os seus sofrimentos: como seu marido fora morto ainda no primeiro *bardeamento*, e como teve sua casinha destruída (aquela em que ora vivia, não lhe pertencia) etc., etc. Após a partida do *bárin*, Nikita acendeu um cachimbo, pediu à filha da senhoria que lhe trouxesse vodca e instantaneamente secou as lágrimas, mais ainda, brigou com a velha por algum baldezinho que ela havia amassado.

"Talvez eu seja apenas ferido", refletia consigo mesmo o capitão-ajudante, enquanto sua companhia se aproximava, ao crepúsculo, do bastião. "Mas onde? E como? Aqui? Aqui?", pensava, apalpando o ventre e o peito. "Se for aqui", olhava para a parte superior da perna, "ela está perdida. Mas se for aqui, e com estilhaço, é o fim!"

Curvando-se ao subir a trincheira, o capitão-ajudante felizmente alcançou a casamata. Já sob total escuridão, distribuiu

[20] Senhor de terras.

seus homens pelos postos de trabalho com a ajuda de um oficial sapador e sentou-se em uma cova escavada sob uma barreira. Os tiros eram poucos; apenas de tempos em tempos acendia-se algum relâmpago, ora perto de nós, ora perto *dele*, e o estopim inflamado da bomba traçava um arco de fogo contra o escuro céu estrelado. Mas todas as bombas caíam distantes, à direita e por trás da casamata em que se encontrava o capitão-ajudante, que em parte se tranquilizou, tomou um gole de vodca, comeu um pedaço da barra de queijo, fumou um cigarro e, após fazer suas orações a Deus, ensaiou um cochilo.

5.

O príncipe Gáltsin, o tenente-coronel Niefiórdov, o *junker* barão Piest (que os havia alcançado no bulevar), e Praskúkhin, que não havia sido convidado por ninguém e a quem ninguém dirigia a palavra, mas que não os deixava — seguiram todos do bulevar diretamente para o chá na casa de Kalúguin.

— Você não terminou de me contar sobre o Vaska Mendel — disse Kalúguin, despindo o capote e sentando-se perto da janela em uma macia e confortável poltrona, enquanto desabotoava o colarinho da camisa de tecido holandês, limpa e engomada. — Quer dizer, então, que ele se casou?

— É de chorar de rir, meu irmão! *Je vous dis, il y avait un temps où on ne parlait que de ça à Petersbourg*[21] — disse, rindo, o príncipe Gáltsin, que se levantou de um pulo do piano, dirigiu-se à janela e sentou-se perto de Kalúguin. — É de chorar de rir. Sei de todos os detalhes — e ele começou a narrar de forma alegre, espirituosa e desenvolta uma história agradável qualquer, que nós deixaremos de lado porque não nos interessa.

O notável é que não apenas o príncipe Gáltsin, mas todos esses senhores espalhados por ali, uns à janela, outro ao piano,

[21] "Eu lhe digo, havia um tempo em que não se falava de outra coisa em Petersburgo."

outro de pernas para o ar, pareciam bem diferentes de quando caminhavam pelo bulevar: não apresentavam aquela sobranceria ridícula, aquela arrogância com que tratavam os oficiais de infantaria; entre eles, estavam ao natural; sobretudo Kalúguin e o príncipe Gáltsin pareciam ótimos garotos, alegres e gentis. E a conversa fluía a respeito dos colegas e conhecidos de Petersburgo.

— Que fim levou Máslovski?

— Qual deles? O ulano da guarda imperial, ou o da guarda montada?

— Eu conheço os dois. O da guarda montada era um garotinho na minha época, mal tinha saído da escola. E o mais velho, é capitão de cavalaria?

— Ah! Faz tempo.

— E ele ainda está com a cigana?

— Não, ele a deixou.

E assim por diante, conversas desse tipo.

Depois, o príncipe Gáltsin se sentou ao piano e cantou belamente uma canção cigana. Praskúkhin, apesar de ninguém lhe ter pedido, fez a segunda voz, e tão bem, que lhe pediram bis, o que o deixou muito satisfeito.

Um criado entrou, trazendo chá com creme e roscas sobre uma bandeja de prata.

— Sirva o príncipe — disse Kalúguin.

— É estranho pensar — disse Gáltsin, pegando a xícara e afastando-se para a janela — que estamos aqui, em meio a uma cidade sitiada, com piano, chá com creme, uma casa como essa, que eu, sinceramente, gostaria de ter igual em Petersburgo.

— Sim, mas se não fosse isso — dirigiu-se a todos o velho tenente-coronel Niefiórdov, sempre descontente — seria simplesmente insuportável essa constante espera... ver como todos os dias se batem, se batem, e tudo isso não tem fim... e ainda viver na sujeira, sem nenhum conforto!

— E os nossos oficiais de infantaria — disse Kalúguin —, que vivem com os soldados nos bastiões, na blindagem, comendo do borche[22] dos soldados, como é que eles fazem?

— Está aí uma coisa que eu não entendo: custo a crer — disse Gáltsin — que pessoas com roupas de baixo sujas e sem poder lavar as mãos sejam capazes de atos de bravura. Ao menos *cette belle bravoure de gentilhomme*[23] não pode haver.

— Sim, eles não entendem dessa bravura — disse Praskúkhin.

— Não diga asneiras — interveio Kalúguin, furioso. — Eu já os vi aqui muito mais do que você e sempre e em toda parte eu afirmo que os nossos oficiais de artilharia, apesar de, verdade, não se trocarem por dez dias, são verdadeiros heróis, uma gente surpreendente.

Nesse momento, entrou na sala um oficial de artilharia.

— Eu... me enviaram... posso me apresentar ao gene... à Vossa Excelência da parte do general N.N.?[24] — perguntou, com ar tímido e fazendo uma saudação.

Kalúguin levantou-se, mas não respondeu à saudação e, com uma cortesia ultrajante e um sorriso forçado e formal, perguntou se o *senhor* não poderia fazer a gentileza de esperar, não o convidou a sentar-se e não lhe deu mais atenção. Voltou-se para Gáltsin e pôs-se a falar em francês, de tal forma, que o pobre oficial, plantado no meio da sala, decididamente não sabia o que fazer da sua pessoa e das suas mãos sem luvas, que pendiam desajeitadas.

— É assunto urgente — disse o oficial após um minuto de silêncio.

— Ah! Por favor — disse Kalúguin com aquele mesmo sorriso ofensivo, vestindo seu casaco e acompanhando o oficial em direção à porta.

---

[22] Sopa à base de beterraba, típica da Europa oriental.

[23] "Aquela bela bravura dos fidalgos."

[24] Do latim *Nemo Nescit*, forma largamente utilizada na literatura do século XIX para designar uma pessoa cujo nome é desconhecido.

— *Eh bien, messieurs, je crois que cela chauffera cette nuit*[25] — disse Kalúguin, voltando do encontro com o general.

— O que é? O que há? Um ataque? — puseram-se todos a indagar.

— Eu não sei, vocês verão — respondeu Kalúguin com um sorriso enigmático.

— Vá, me diga — indagou o barão Piest. — Veja, se há alguma coisa, então eu devo seguir com o regimento de T. para o primeiro ataque.

— Bem, então vá com Deus.

— É provável que o meu chefe esteja no bastião e, nesse caso, eu também devo ir — disse Praskúkhin arrumando o sabre, mas ninguém lhe respondeu: ir ou não ir, isso era problema dele.

— Não acontecerá nada, eu sinto isso — disse o barão Piest com o coração desfalecido só de pensar na ação iminente; no entanto, pousou mal o boné sobre a cabeça e deixou os aposentos a passos largos e firmes em companhia de Praskúkhin e Niefiórdov, com quem comungava um terrível sentimento de medo, e apressaram-se todos a chegar a seus postos. "Adeus, senhores", "até a vista, senhores! Ainda nos veremos à noite", gritou Kalúguin da janela, quando Praskúkhin e Piest, inclinados sobre o arção das selas cossacas, provavelmente imaginando-se os próprios cossacos, cruzavam a trote o caminho.

— Sim, um pouco! — gritou o *junker*, que não captou o que lhe gritavam; e o tropéu de cavalos cossacos logo se apagou na obscuridade da rua.

— *Non, dites moi, est-ce qu'il y aura véritablement quelque chose cette nuit?*[26] — perguntou Gáltsin que, à janela com Kalúguin, observava as bombas que se elevavam sobre os bastiões.

— A você eu posso contar... já esteve nos bastiões? (Gáltsin assentiu com a cabeça, embora tivesse estado apenas uma vez, e no quarto bastião) Veja, bem à frente da nossa luneta há uma

---

[25] "Bem, senhores, creio que esta noite pegará fogo."

[26] "Mas, diga-me, é verdade que acontecerá alguma coisa essa noite?"

trincheira — e Kalúguin, não sendo nenhum especialista, mas estimando absolutamente verídicas as suas apreciações das coisas militares, começou a expor, de forma um tanto atrapalhada e confundindo termos de fortificação, a posição em que os nossos se encontravam, a do inimigo, e o plano de uma presumível ação.

— Veja só! Começa a estrondear em torno das casamatas. Opa! É nossa, ou *dele*? Rebentou — disseram eles à janela, olhando os traços de fogo da bomba que se cruzavam no ar, os relâmpagos dos tiros de canhão iluminando por um instante o céu azul escuro e a fumaça branca da pólvora; e percebiam o som do bombardeio se intensificar mais e mais.

— *Quel charmant coup d'oeil*![27] Hein? — disse Kalúguin, chamando a atenção do seu visitante para esse espetáculo de fato belo. — Veja, por vezes as estrelas não se distinguem das bombas.

— Sim, eu estava justamente pensando que era uma estrela, mas ela caiu e explodiu... e aquela estrela grande ali, como ela se chama? Pode ser uma bomba.

— Sabe de uma coisa, eu já estou tão acostumado a essas bombas que quando retornar à Rússia, creio que todas as estrelas vão me parecer bombas: o que não faz o hábito!

— Será que eu não devo ir a esse ataque? — disse o príncipe após um instante de silêncio, estremecendo só de pensar em estar *lá* num momento como esse, de tão terrível canhonada, e ao mesmo tempo sentindo alívio em pensar que de forma alguma o enviariam para lá à noite.

— Basta, meu irmão! Nem pense nisso, e eu não o deixaria ir — respondeu Kalúguin, embora sabendo muito bem que Gáltsin por nada iria para lá. — Ainda terá outras ocasiões, irmão.

— Sério? Você pensa mesmo que eu não preciso ir?

Nesse momento, na direção em que olhavam esses senhores, fez-se ouvir, após o ruído surdo da artilharia, um terrível espo-

[27] "Que visão encantadora!"

car de petardos, e milhares de pequenas chamas irromperam e reluziram incessantes ao longo de toda a linha.

— Este é para os bons! — disse Kalúguin. — Essa fuzilaria, eu não tenho sangue-frio para aguentar, isso me aperta o coração. Ah, aí está, "hurra" — acrescentou ele, ouvindo com atenção o clamor longínquo de centenas de vozes "a-a-a-a-a", que lhe chegava do bastião.

— De quem é esse "hurra"? Deles ou dos nossos?

— Não sei, mas já se iniciou o corpo a corpo, porque os tiros cessaram.

No mesmo instante, um oficial seguido de um cossaco aproximou-se a galope da varanda, sob a janela, e desceu do cavalo.

— De onde vem?

— Do bastião. Preciso falar com o general.

— Vamos lá. Como estão as coisas?

— Atacaram as casamatas... foram tomadas... os franceses trouxeram enormes reservas... atacaram os nossos... havia apenas dois batalhões — disse ofegante aquele mesmo oficial que estivera ali mais cedo, recuperando com dificuldade o fôlego e se dirigindo com desembaraço à porta.

— Capitulamos? — perguntou Gáltsin.

— Não — respondeu zangado o oficial —, outro batalhão chegou a tempo e os repelimos, mas o comandante do regimento foi morto e muitos oficiais também, mandaram pedir reforços...

E com essas palavras, o oficial e Kalúguin se dirigiram à casa do general, mas nós não os seguiremos.

Passados cinco minutos, Kalúguin já montava um cavalo cossaco (e assumia uma postura quase cossaca de montar, coisa que, como já assinalei, por algum motivo agradava muito a todos os ajudantes de ordens) e partiu a galope para o bastião, a fim de transmitir certas ordens e aguardar as novidades sobre o resultado final da operação; quanto ao príncipe Gáltsin, assim como ocorre amiúde aos espectadores que não tomam parte na ação, foi preso de violenta emoção, causada pelos vestígios tão próximos daquele ataque. Saiu para a rua e pôs-se a percorrê-la de cima a baixo e vice-versa, sem qualquer objetivo.

6.

Multidões de soldados transportavam em macas ou sustentavam sob os braços os feridos. Na rua, a escuridão era total; vez por outra, acendia-se aqui ou ali alguma janela, no hospital ou nas casas dos oficiais. Dos bastiões, ressoavam sempre o mesmo estrondo de canhões e sons de fuzilaria, e as mesmas chamas irrompiam no escuro do céu. De tempos em tempos ouvia-se o trote do cavalo de alguma ordenança, o gemido de um ferido, os passos e a conversa de algum maqueiro, o falatório de mulheres e habitantes assustados, que saíam à varanda para observar a canhonada.

Entre estes últimos, contavam-se o nosso conhecido Nikita, a velha esposa do marinheiro, com quem ele havia brigado, e sua filha de dez anos.

— Meu Senhor, Santa Mãe abençoada! — dizia a velha, suspirando e olhando as bombas que, como bolas de fogo, voavam de um lado a outro. — Que desgraça, que desgraça! Ai-ai-ai. Nem o primeiro *bardeamento* foi assim. *Viste*... onde estourou essa maldita... de frente pra nossa casa.

— Não, foi mais longe, elas caem todas no jardim da tia Arinka — disse a menina.

— E agora, cadê ele, cadê o meu *bárin*? — disse Nikita arrastando as palavras, um tanto bêbado. — Ai, como eu amo *echte* meu *bárin*, por demais. Ele me bate, mas assim mesmo é terrível como eu o amo. Amo tanto que, Deus me livre, mas se por pecado eles o matam, eu não sei não, minha tia, não sei depois *dichto* o que vou fazer comigo. Por Deus! É o meu *bárin*! É isso! Não é igual a *echtes* que ficam por aí jogando cartas — tfúuu pra eles — É isso! — concluiu Nikita, apontando a janela iluminada do quarto de seu *bárin*, onde, na ausência do capitão-ajudante, o *junker* Zvádski havia convidado para uma farra, por motivo de ter recebido uma cruz, os camaradas: subtenente Ugróvitch e tenente Niepchítchetski, aquele mesmo que deveria estar no bastião, mas que dissera estar doente, com abscesso.

— Estrelinhas, as estrelinhas estão rolando — disse a menina olhando o céu e rompendo o silêncio que se instalara após as palavras de Nikita —, lá, lá estão, rolando de novo! Por que, hein, mamãezinha?

— Vão arruinar toda a nossa casinha — disse a velha suspirando e sem responder à pergunta da menina.

— Quando nós fomos com titio hoje lá, mamãezinha — continuou a menina com sua voz cantada —, tinha uma bala tão grande perto do armário: ela quebrou o teto e caiu voando no quarto. Tão grande que ninguém pode levantar.

— Quem tinha marido e dinheiro, partiu — disse a velha —, mas aqui... oh, desgraça, desgraça, vão arruinar até a última casa. Vê só, vê só como atiram os renegados! Meu Senhor! Meu Senhor!

— É só a gente sair por aí, que uma bomba vô-o-a, explo-o-de, espi-i-rra terra na gente, e quase espirrou um pedaço em mim e no titio.

— Devem dar a ela uma condecoração por isso — disse o *junker*, que saía à varanda nesse momento com os seus camaradas oficiais para ver a canhonada.

— Você, vá procurar o general, velha — disse o tenente Niepchítchetski, sacudindo-a pelos ombros —, vá, é sério!

— *Pójde na ulice zobaczié co tam nowego*[28] — acrescentou ele, descendo as escadas.

— *A my tym czasem napijmy sie wódki, bo cos dusza w piety ucieka*[29] — disse, rindo, o alegre *junker* Zvádski.

[28] Em polonês, no original: "Vou à rua, ver o que há de novo".

[29] Em polonês, no original: "E nós, vamos à vodka, alegrar a alma".

7.

O Príncipe Gáltsin viu chegarem grupos cada vez maiores de feridos, em macas e a pé, apoiados uns nos outros e conversando entre eles em voz alta.

— E como eles pulavam, meu irmão! — dizia com voz grave um soldado alto, trazendo dois fuzis ao ombro. — Pulavam e gritavam: Allah, Allah![30] E de que jeito eles trepavam, assim, um no outro. Você matava um, vinha outro... não tinha o que fazer, não acabava mais...

A esse ponto da narração, Gáltsin o deteve.

— Você! Vem do bastião?

— Exato, Vossa Nobreza.

— E o que houve por lá? Conte-me.

— O que houve? A *força* deles nos atacou, Vossa Nobreza, entraram no forte e acabou. Dominaram tudo, Vossa Nobreza!

— Como dominaram? Vocês não os repeliram?

— Como repelir, se era a força toda *dele* que caía? Bateu todos nós, e não nos mandaram reforços. (O soldado se enganava, porque a trincheira continuava conosco, mas há uma coisa estranha que qualquer um pode constatar: um soldado ferido em ação sempre considera que a operação foi um fracasso e terrivelmente sanguinolenta.)

— Como então me disseram que eles haviam sido repelidos? — disse Gáltsin desapontado.

Nesse momento, o tenente Niepchítchetski, reconhecendo o príncipe Gáltsin através da penumbra pelo seu boné branco e desejando aproveitar a ocasião para trocar palavras com pessoa tão eminente, aproximou-se dele.

— Deseja saber o que houve? — perguntou com polidez, fazendo continência.

— Estou perguntando ao soldado — disse o príncipe Gáltsin,

---

30 "Nossos soldados estavam tão acostumados a ouvir esse grito em suas lutas constantes contra os turcos, que ao narrar sobre os franceses também lhes atribuem o grito 'Allah!'". [Nota do autor.]

e voltou-se novamente ao soldado que levava dois fuzis —, é possível que os tenham repelido depois da tua saída? Faz tempo que você saiu de lá?

— Agora mesmo, Vossa Nobreza! — respondeu o soldado. — Eu duvido, a trincheira estava com eles, dominaram tudo.

— E como você não se envergonha de entregar a trincheira! É vergonhoso! — disse Gáltsin irritado pela indiferença do homem. — Como você não se envergonha! — repetiu, dando as costas ao soldado.

— Ah! Essa gente! Você não os conhece — aproveitou-se o tenente Niepchítchetski —, não adianta falar a essas pessoas sobre orgulho, patriotismo e sentimentos. Olhe só essa multidão que está passando, há bem uma dezena de pessoas sem ferimentos, são todos *espectadores*, só têm pressa de sair do combate. Povo infame! É uma desonra agir assim rapazes, uma desonra! Entregar a *nossa* trincheira! — acrescentou ele, dirigindo-se aos soldados.

— O que fazer contra a *força*! — balbuciou um soldado.

— Eh! Vossa nobreza! — disse, nesse momento, um soldado que passava por eles carregado em uma maca. — Com todo respeito, como não entregar, se deram cabo de nós todos? Se a força fosse nossa, por nada nesse mundo entregávamos. Mas que fazer? Eu peguei um na faca, mas ele me golpeou... Ai, ai! Calma aí, irmãos, mais devagar, irmãos, devagar... a-a-ai! — pôs-se a gemer o ferido.

— Ainda assim me parece que há gente demais voltando — disse Gáltsin, detendo novamente o soldado alto com dois fuzis. — Você, por que está voltando? Ei, você, pare!

O soldado parou e com a mão esquerda tirou o chapéu.

— Para onde você vai e por quê? — gritou-lhe severamente o príncipe. — Você...

Ao aproximar-se, Gáltsin, num átimo, percebeu que o braço direito do soldado estava envolvido pela manga, todo ensanguentado acima do cotovelo.

— Estou ferido, Vossa Nobreza!

— Ferido como?

— Aqui deve ser uma bala — disse o soldado apontando para o braço —, mas aqui, não sei dizer o que me atingiu — e abaixando a cabeça, mostrou os cabelos ensanguentados e colados à nuca.

— Esse segundo fuzil, de quem é?

— Uma carabina francesa, Vossa Nobreza, eu tomei; e não teria deixado o combate, se não tivesse de acompanhar *echte* camarada aqui, ele pode cair — acrescentou, apontando para um soldado um pouco à frente que andava apoiado ao fuzil e que com dificuldade arrastava e transpassava a perna esquerda.

— E você, *onde*[31] vai, miserável! — gritou o tenente Niepchítchetski para outro soldado que lhe apareceu à frente, em seu afã de prestar serviço ao eminente príncipe. O soldado também estava ferido.

Súbito, o príncipe Gáltsin se sentiu terrivelmente envergonhado por si e pelo tenente. Sentiu-se ruborizar — o que raramente lhe acontecia — deu as costas ao tenente e, cessando de interrogar e inspecionar os feridos, dirigiu-se ao posto de socorro.

Com dificuldade abriu caminho à entrada do posto entre os soldados feridos que estavam a pé e os maqueiros, que traziam feridos e levavam os mortos. Gáltsin penetrou no primeiro cômodo, lançou um olhar e involuntariamente recuou, atirando-se correndo à rua. O que vira era por demais terrível!

8.

A sala grande, alta e escura — iluminada apenas pelas quatro ou cinco velas com que os médicos se aproximavam dos doentes — estava literalmente lotada. Os maqueiros traziam feridos sem cessar, descarregavam-nos um ao lado do outro no chão já

[31] "Onde", em vez de "aonde" (a incorreção é grifada pelo autor para indicar a origem da personagem).

repleto, a ponto de os infelizes se esbarrarem e se molharem uns no sangue dos outros, e saíam para buscar mais. Poças de sangue em lugares ainda não ocupados, o hálito quente de algumas centenas de indivíduos, a transpiração dos maqueiros, tudo isso produzia um odor fétido particular, pesado, denso, nauseabundo, em meio ao qual apenas quatro velas queimavam nos diversos cantos da sala. O murmúrio confuso dos gemidos, dos suspiros, dos roncos era interrompido algumas vezes por gritos estridentes ecoando por todo o cômodo. As *irmãs*, com rostos tranquilos, sem aquele ar fútil de compaixão lacrimosa peculiar às mulheres, mas com uma simpatia ativa e prática, ora aqui, ora ali, caminhavam entre os doentes com remédios, água, bandagens e gazes, passavam entre capotes e camisas ensanguentadas. Os médicos, com ar sombrio e mangas arregaçadas, punham-se de joelhos ao lado dos feridos, iluminados pela vela que o enfermeiro segurava; sondavam com os dedos as feridas feitas a bala, apalpavam-nas e reviravam os membros que pendiam inertes, apesar dos terríveis gemidos e súplicas das vítimas. Um dos médicos estava sentado a uma mesinha perto da porta e, no momento em que Gáltsin entrou, anotava já o número quinhentos e trinta e dois.

— Ivan Bogáiev, soldado comum do terceiro batalhão do regimento de S., *fractura femoris complicata* — gritava outro médico do final da sala, apalpando uma perna quebrada. — Vire-se.

— A-ai! Meu pai, meu pai! — gritava o soldado implorando que não lhe tocassem.

— *Perforatio capitis*.

— Sémion Niefiórdov, tenente-coronel do regimento de infantaria de N.!... tenha um pouco de paciência, coronel, não há outra forma, ou serei forçado a deixá-lo — disse um terceiro médico enquanto remexia a cabeça do infeliz oficial com uma espécie de agulha.

— Ai! Não! Não! Ai, por Deus, rápido, rápido, por... a-a-a-a-ah!

— *Perforatio pectoris*... Sebastian Seriéda, soldado comum... qual regimento?... melhor não escrever: *moritur*. Podem levá-lo — disse o médico afastando-se do soldado que, com os olhos revirados, já agonizava...

Uns quarenta soldados maqueiros aguardavam, de pé à entrada, a carga de feridos para o hospital e de mortos para a capela, e, silenciosos, respirando vez por outra pesadamente, observavam todo esse quadro...

***

9.

No caminho para o bastião, Kalúguin cruzou com muitos feridos; mas sabendo por experiência própria o quanto esse espetáculo age desfavoravelmente sobre o ânimo das pessoas, não só não se deteve a inspecioná-los, como procurou nem mesmo lhes dar atenção. Ao pé da colina, viu descer do bastião uma ordenança, galopando a rédea solta.

— Zóbkin! Zóbkin! Pare um minuto.

— Sim, o que há?

— Você vem de onde?

— Das casamatas.

— E como está lá? Quente?

— Um inferno! Terrível!

E a ordenança seguiu adiante a galope.

De fato, embora o tiroteio não fosse intenso, a canhonada, por sua vez, tornava-se mais encarniçada e violenta.

"Ah, vai mal!", pensava Kalúguin, experimentando na alma uma sensação pesada e certo pressentimento, ou seja, a ideia bastante comum da morte. Mas Kalúguin não era como o capitão-ajudante Mikháilov, tinha amor-próprio e era dotado de nervos de aço, era aquilo que chamamos, em uma palavra, um bravo. Não se deixava derrubar à primeira sensação, ao contrário, punha-se a injetar ânimo em si próprio. Lembrou-se de um ajudante de ordens de Napoleão que, ao que dizem, após dar as ordens, aproximou-se a galope do seu chefe, com a cabeça ensanguentada.

— *Vous êtes blessé?*[32] — perguntou-lhe Napoleão.

— *Je vous demande pardon, sire, je suis tué*[33] — e o oficial caiu morto ali mesmo.

Parecia-lhe uma boa história e ele se imaginava um pouco como esse ajudante de ordens. Em seguida, chicoteou o cavalo, assumiu uma *postura cossaca* mais audaz que nunca, lançou um olhar para o cossaco que, em pé nos estribos, trotava atrás dele e, como um verdadeiro bravo, chegou ao local em que seria necessário descer do cavalo. Aqui, ele encontrou quatro soldados sentados sobre as pedras, fumando cachimbos.

— O que fazem aqui? — gritou-lhes.

— Acabamos de levar um ferido, Vossa Nobreza, sentamos um pouco para descansar — respondeu um deles, escondendo o cachimbo atrás das costas e levantando o boné.

— Como descansar! Marchem para seus postos ou vou falar ao comandante do regimento.

E subiram juntos a colina pela trincheira, cruzando com feridos a cada passo. Chegando ao alto, Kalúguin se dirigiu à esquerda e, após caminhar alguns passos, viu-se inteiramente só. Nesse momento, um projétil zuniu bem perto dele e caiu sobre a trincheira. Outra bomba elevou-se à sua frente e pareceu voar em sua direção. Sentiu um súbito terror: correu uns cinco passos e lançou-se à terra. Constatando que a bomba explodira bastante longe, enfureceu-se consigo mesmo; levantou-se e olhou em volta para se certificar de que ninguém vira a sua queda, mas não havia ninguém por ali.

Uma vez tendo penetrado a alma, o medo não cede lugar tão cedo a outro sentimento; e este homem, que sempre se vanglori-

---

32 "Você está ferido?"

33 "Eu vos peço perdão, senhor, me mataram."

ara de nunca haver se curvado, caminhava agora pela trincheira a passos rápidos, quase se arrastando. "Ah! Que mau presságio!", pensava ele, aos tropeções. "Certamente serei morto", e sentindo a respiração pesada e o suor a lhe cobrir o corpo, surpreendeu-se consigo mesmo, mas já não tentava vencer seus sentimentos.

De repente, ouviram-se passos à sua frente. Kalúguin rapidamente se recompôs, levantou a cabeça, fez tinir seu sabre com disposição e seguiu adiante a passos mais cautelosos. Não se reconhecia mais. Ao cruzar um oficial sapador e um marinheiro, o primeiro lhe gritou "deite-se!", apontando o ponto luminoso de uma bomba, cujo clarão se tornava mais e mais forte, sempre mais rapidamente, até explodir contra as trincheiras; ele, no entanto, apenas inclinou a cabeça por haver se assustado com o grito, e seguiu em frente.

— Vê, que bravo! — disse o marinheiro, que havia calmamente acompanhado com o olhar a queda da bomba e calculado com seu olho experiente que nenhum fragmento poderia atingi-los. — Não quis se deitar!

Faltavam apenas alguns passos para que Kalúguin atravessasse a esplanada, alcançando a blindagem do comandante do bastião, quando novamente foi atingido pelo mesmo estúpido medo; o coração disparou, o sangue afluiu ao cérebro e teve de lutar contra si mesmo para correr até lá.

— Por que está tão ofegante? — disse o general, após Kalúguin lhe transmitir as ordens.

— Caminhei muito rápido, Vossa Excelência!

— Quer um pouco de vinho?

Kalúguin tomou vinho e fumou um cigarro. O combate havia cessado e apenas os canhões continuavam a disparar fortemente de ambos os lados. Na blindagem encontravam-se, além do general N., comandante do bastião, uns seis oficiais, dentre os quais Praskúkhin, e a conversa girava em torno dos vários detalhes da ação. Sentado nesse cômodo confortável, atapetado de azul, com divã, cama, mesa abarrotada de papéis, relógio de parede e uma imagem santa, frente à qual queimava uma pequena lamparina — à vista de todos esses indícios de uma habitação, com teto de grossas vigas de um *archin*,[34] e ao som dos tiros, que chegavam fracos à blindagem, Kalúguin decididamente não pôde compreender como, por duas vezes, deixou-se dominar por tão imperdoável fraqueza; enfureceu-se consigo mesmo e desejou afrontar o perigo para novamente se pôr à prova.

— Estou contente que esteja aqui, capitão — disse ele a um oficial da marinha em casaco do estado-maior, com grandes bigodes e cruz de São Jorge, e que acabara de entrar na blindagem e pedia que o general lhe cedesse alguns homens a fim de consertar duas canhoneiras do seu batalhão, que haviam sido danificadas.

— O general me pediu para saber — continuou Kalúguin, depois que o comandante da bateria terminou de falar ao general — se suas armas podem metralhar ao longo da trincheira.

— Apenas um canhão está apto — respondeu soturno o capitão.

— Então vamos dar uma olhada.

O capitão franziu o cenho e grasnou:

— Passei lá a noite toda, vim descansar um pouco — disse ele —, você não pode ir sozinho? Lá o meu adjunto, o tenente Kartz, lhe mostrará tudo.

Havia já seis meses que o capitão comandava essa bateria, uma das mais perigosas, e mesmo na época em que ainda não havia blindagem, permanecera sempre no bastião, não se afastando de lá desde o início do cerco, o que lhe dera entre os marinheiros reputação de bravura. Por isso a sua recusa surpreendeu Kalúguin. "Que bela reputação!", pensou.

— Nesse caso, irei sozinho, se me permite — disse ao capitão com um tom algo zombeteiro, mas este não deu atenção às suas palavras.

Kalúguin não levava em conta o fato de ele próprio não ter passado mais do que umas cinquenta horas nos bastiões e em

---

[34] Antiga medida russa, que equivale aproximadamente a 71 centímetros.

momentos diversos, enquanto o capitão vivia lá havia seis meses corridos. A vaidade ainda o excitava: o desejo de brilhar, a esperança por recompensas, a reputação e a atração pelo perigo; quanto ao capitão, já havia passado por tudo isso — de início havia se envaidecido, havia sido dominado pela valentia, arriscado, desejado premiações e reputação, chegando até mesmo a obtê-las; mas agora, todos esses estimulantes tinham perdido a força, via as coisas de forma diferente: executava pontualmente suas obrigações e compreendia muito bem quão poucas são as chances que a vida oferece; depois de uma estadia de seis meses nos bastiões, já não arriscava tais chances sem uma estrita necessidade, se bem que o jovem tenente Kartz, que havia ingressado havia uma semana na bateria e agora a apresentava a Kalúguin, passando ambos inutilmente a cabeça pela canhoneira e subindo em banquetas, parecesse dez vezes mais valente do que o capitão.

Depois de examinar a bateria, ao retornar à blindagem, Kalúguin deu de encontro, na escuridão, com o general, que se dirigia ao posto de observação com suas ordenanças.

— Capitão Praskúkhin, disse o general — vá, por favor, à casamata da direita e diga ao segundo batalhão do regimento de M. que deixe o trabalho, que saia de lá sem ruído e junte-se ao seu regimento, posto em reserva ao pé da colina. Entendeu? Acompanhe pessoalmente.

— Sim, senhor.

E Praskúkhin saiu a trote para a casamata. A canhonada fazia-se mais rara.

10.

— É o segundo batalhão do regimento de M.? — perguntou Praskúkhin, chegando ao local indicado e esbarrando em soldados que carregavam sacos com terra.

— Exatamente.

— Onde está o comandante?

Mikháilov, supondo que chamavam o comandante da companhia, saiu rastejando de sua cova e, tomando Praskúkhin por um chefe, aproximou-se dele batendo continência.

— O general ordenou... que vocês... façam o favor de ir... rápido... e sem ruído... para trás, não para trás, para a reserva — disse Praskúkhin, olhando furtivamente na direção do fogo inimigo.

Ao reconhecer Praskúkhin, Mikháilov abaixara a mão e, após captar a mensagem, transmitiu as ordens: os soldados do batalhão, em alegre agitação, pegaram os fuzis, vestiram os capotes e se puseram em marcha.

Quem não experimentou, não pode imaginar o prazer que sente o indivíduo ao deixar, após três horas de bombardeios, um posto tão perigoso quanto as casamatas. Mikháilov, que nessas três horas havia considerado algumas vezes o seu fim inevitável e beijado todas as imagens que trazia consigo, finalmente tranquilizara-se um pouco, persuadido de que seria morto e de que já não pertencia a este mundo. Apesar disso, teve de fazer um grande esforço para se impedir de correr, ao sair das casamatas à frente da sua companhia, seguido por Praskúkhin.

— Até breve — disse-lhe o major, comandante de outro batalhão, que ali permanecia, e com quem ele havia dividido a barra de queijo em sua cova perto da barreira —, boa viagem.

— Eu lhe desejo boa permanência; parece que agora se acalmou.

Mal terminou essas palavras e o inimigo, provavelmente notando o movimento nas casamatas, pôs-se a disparar com frequência cada vez maior. Os nossos revidaram e se reiniciou uma forte canhonada. As estrelas, altas no céu, não reluziam; a escuridão da noite feria os olhos. Apenas o fogo do bombardeio e a ruptura das bombas iluminavam, por momentos, os objetos. Os soldados caminhavam rápidos e em silêncio, adiantando-se uns aos outros involuntariamente; além dos estrondos ininterruptos da artilharia, apenas se ouvia o som regular dos passos pela terra seca, o som das baionetas que colidiam ou o suspiro e oração de algum soldado apavorado: "Senhor, Senhor! O que é isso!". Por vezes ouvia-se o gemido de um ferido e os gritos "Maqueiro!" (A canhonada desta noite deixou fora de combate vinte e seis soldados da companhia comandada por Mikháilov). Irrompeu um clarão no horizonte escuro e longínquo, a sentinela gritou do bastião: "Canhão!". A bala zuniu por cima da companhia e explodiu contra a terra, lançando pedras para o ar.

"O diabo os carregue! Como são lentos", pensava Praskúkhin olhando constantemente para trás, caminhando ao lado de Mikháilov, "eu faria melhor em me adiantar, afinal, já transmiti as ordens... Não, esse animal pode vir a dizer mais tarde que eu sou um covarde, quase o mesmo que eu fiz com ele ontem. O que tiver de ser, será; sigo a marcha."

"E por que ele me acompanha", pensava por seu lado Mikháilov, "pelo que vejo, só traz má sorte; ah, lá vem outra direto pra cá, parece."

Uma centena de passos adiante, esbarraram em Kalúguin que, fazendo tinir seu sabre, subia para as casamatas com disposição: era ordem do general que se informasse a respeito do avanço dos trabalhos. Mas ao encontrar Mikháilov, considerou que não precisaria ir até lá, se expor a esse fogo terrível, que de resto isso não lhe havia sido ordenado, poderia saber em detalhes o que se passava através de um oficial que vinha de lá. E, de fato, Mikháilov narrou todos os pormenores, entretendo Kalúguin a ponto de parecer que este não dava a mínima atenção ao tiroteio; mas quanto a Praskúkhin, a cada projétil que caía, por vezes bem longe deles, acocorava-se, curvava a cabeça e sempre asseverava que "vinha direto para cá".

— Olhe lá, capitão, esse vem direto para cá — disse Kalúguin, zombando e puxando Praskúkhin.

Depois de acompanhá-los um pouco, Kalúguin seguiu para a trincheira que conduzia de volta à blindagem. "Não se pode dizer que seja muito valente, esse capitão" — pensava, ao atravessar a porta.

— Então, quais as notícias? — perguntou um oficial que jantava a sós no cômodo.

— Nenhuma, é provável que não haja mais combate.

— Como assim? Ao contrário, o general acabou de sair novamente para o posto de observação. Chegou mais um regimento. Ouve só! Está escutando? A fuzilaria recomeçou. Mas não vá. Para que você iria? — acrescentou o oficial ao notar o movimento de Kalúguin.

"Na verdade, eu deveria realmente estar lá", pensou Kalúguin, "mas já me expus tanto hoje. Desejo ser necessário, mas não a ponto de me tornar *chair à canon*".[35]

— De fato, é melhor que os espere aqui — disse ele, afinal.

Após uns vinte minutos, o general retornou acompanhado por oficiais; entre eles se encontrava o *junker* barão Piest, mas não Praskúkhin. As casamatas haviam sido liberadas e reocupadas pelos nossos.

Tendo se informado sobre os detalhes da operação, Kalúguin saiu da blindagem em companhia de Piest.

11.

— Há sangue no seu casaco: você entrou em algum corpo a corpo? — perguntou Kalúguin.

— Ah, irmão, foi terrível! Imagine que... — e Piest pôs-se a contar sobre como ele conduziu a companhia após a morte do comandante, como se atracou com um francês, e que se não fosse ele estar lá, não teriam obtido nenhum sucesso etc.

As bases dessa narração, de que o comandante da companhia fora morto e de que Piest matara um francês, eram verídicas, mas ao dar os detalhes, o *junker* inventou e se vangloriou.

Vangloriou-se involuntariamente, porque durante todo o tempo do combate esteve mergulhado em uma espécie de neblina, em um estado de inconsciência tamanho, que tudo o que

[35] "Carne de canhão."

acontecera parecia-lhe ter acontecido em tal lugar, em tal tempo e com tal pessoa; é muito natural que, ao se esforçar em apresentar esses detalhes, ele se favorecesse. Mas eis como de fato aconteceu.

O batalhão de ataque a que servia o *junker* na condição de comandado manteve-se duas horas sob fogo cerrado perto de uma muralha; em seguida, o comandante do batalhão disse algo à frente, os comandantes das companhias começaram a se mexer e o batalhão pôs-se em marcha, afastando-se do muro de defesa; após marchar uns cem passos, parou e formaram-se colunas por companhias. Ordenaram a Piest que se mantivesse no flanco direito da segunda companhia.

Sem se dar conta de onde estava, nem do porquê, o *junker* se colocou em seu posto e, retendo involuntariamente a respiração e sentindo um calafrio percorrer-lhe a espinha, olhou ao acaso para o horizonte escuro, esperando algo de terrível. Não tão terrível, já que não havia tiroteio, quanto selvagem: era estranho pensar que estava fora da fortaleza, em campo aberto. Novamente o comandante do batalhão disse algo à frente. Novamente os oficiais murmuraram as ordens e a muralha negra da primeira companhia abaixou subitamente. A ordem dada era de que se deitassem. A segunda companhia deitou-se por terra igualmente e Piest, ao se abaixar, picou a mão em um espinho. Apenas o comandante da segunda companhia não se deitou, sua figura baixa, brandindo a espada, não cessava de falar e de se movimentar diante da companhia.

— Rapazes! Mostrem que são uns bravos! Não atirem com o fuzil, peguem na baioneta esses canalhas. Quando eu gritar "Hurra!" — que todos me sigam, que ninguém fique para trás... O conjunto é o principal... Vamos mostrar a eles, não vamos enfiar a cara na lama, hein, rapazes? Pelo tsar, por nosso paizinho! — disse ele, intercalando suas palavras com impropérios e gestos horríveis.

— Como se chama esse nosso comandante? — perguntou Piest ao *junker* deitado a seu lado — Que bravo!

— Sim, como em ação, está sempre embriagado — respondeu o *junker*. — Chama-se Lissinkóvski.

Nesse momento, à frente deles, ardeu, súbito, uma chama, seguida por uma detonação que ensurdeceu toda a companhia; alto no ar, silvaram pedras e estilhaços (em mais ou menos cinquenta segundos, uma pedra havia caído e quebrado a perna de um soldado). Essa bomba fora projetada por um *engenho elevatório*, e o fato de ter caído sobre a companhia provava que os franceses haviam notado a coluna.

— Nos manda bombas, o filho do cão... Espera só que te caia em cima, maldito!... vai provar da baioneta russa de três pontas! — o comandante da companhia começou a falar tão alto, que o comandante do batalhão teve de lhe ordenar que se calasse e não fizesse tanto barulho.

Em seguida, a primeira companhia se levantou, depois dela a segunda — foi dada a ordem de levarem as armas na mão, e o batalhão se pôs em marcha. Piest estava tomado de tal terror que decididamente havia perdido a noção de tempo, a noção de si; não sabia para onde estava indo, nem para quê. Marchava como se estivesse embriagado. De repente, brilharam milhares de chamas, de todos os lados, e começou a crepitar algo; ele começou a gritar e a correr, porque todos corriam e gritavam. Em seguida, tropeçou em algo e caiu — era o comandante da companhia (que havia sido ferido à frente e, tomando o *junker* por um francês, agarrava-o pela perna). Conseguindo soltar a perna, levantou-se, mas alguém pulou às suas costas, na escuridão, e por pouco não o derrubou novamente. Outro gritou: "Espeta esse! Tá esperando o quê?". Alguém pegou a arma e cravou a baioneta em algo mole. "*Ah! Dieu!*",[36] fez-se ouvir o grito medonho e penetrante. Só agora Piest se deu conta de que havia perfurado um francês.

Um suor frio percorreu todo o seu corpo; foi sacudido por um tremor de febre e atirou seu fuzil. Mas isso durou apenas

[36] "Ah, Deus!"

um instante; logo lhe veio a ideia de que era um herói. Pegou sua arma e, junto com a multidão, gritando "Hurra", correu para longe do francês morto, a quem um soldado já arrancava as botas. Após correr vinte passos, chegou à trincheira. Lá estavam os nossos e o comandante do batalhão.

— Perfurei um! — disse ele ao comandante.

— Você é um valente, barão.

***

12.

— Ah, sabe, Praskúkhin foi morto — disse Piest a Kalúguin, que já fazia menção de ir embora.

— Não pode ser!

— Mas é, eu mesmo o vi.

— Bem, adeus, preciso me adiantar.

"Estou muito contente", pensava Kalúguin retornando a sua casa, "pela primeira vez tive sorte no meu serviço. Tudo se passou bem, estou são e salvo, haverá belas promoções e certamente obterei o sabre de ouro. Aliás, eu o mereço".

Após relatar ao general todos os fatos relevantes, Kalúguin entrou em seus aposentos, onde há muito o príncipe Gáltsin o aguardava, enquanto lia *Splendeurs et misères des courtisanes*,[37] livro que encontrara sobre a mesa.

Foi com extraordinário prazer que se viu em casa, fora de perigo; vestiu sua roupa de dormir, deitou-se na cama e pôs-se a narrar a Gáltsin os detalhes do combate, expondo-os com naturalidade de modo a ressaltar as suas próprias qualidades de oficial ativo e valente, alusão, em minha opinião, supérflua, uma vez que todos as conheciam e ninguém tinha motivos ou direito

[37] *Esplendores e misérias das cortesãs*. É um desses livros adorados, que as multidões cultivam hoje em dia e que parecem gozar de grande popularidade entre a nossa juventude, não se sabe bem por quê. [Nota do autor.]

de duvidar, exceção feita, talvez, ao finado capitão Praskúkhin que, apesar de alegrar-se em passear de braços dados com Kalúguin, ainda na véspera havia confiado em segredo a um amigo que, embora excelente pessoa, cá para nós, verdade seja dita, Kalúguin não gostava nem um pouco de ir aos bastiões.

Tão logo Praskúkhin, que marchava ao lado de Mikháilov, separou-se de Kalúguin e aproximou-se de um local menos perigoso, tão logo se animou, percebeu um relâmpago a projetar uma forte luz atrás de si, ouviu o grito da sentinela "*markela!*", e as palavras de um dos soldados da retaguarda: "Direto sobre o batalhão!".

Mikháilov olhou de relance: o ponto iluminado da bomba parecia estar em seu zênite — uma posição que torna decididamente impossível determinar a sua direção. Mas isso durou apenas um instante: a bomba, sempre mais rápida, sempre mais próxima, já deixava entrever as fagulhas da sua fuselagem e ouvir seu fatídico assobio, baixando certeira ao centro do batalhão.

— Deitem-se! — gritou a voz assustada de alguém.

Mikháilov deitou-se de bruços. Praskúkhin involuntariamente acocorou-se e cerrou os olhos; escutou o choque da bomba contra a terra dura, por ali, bem perto. Passou-se um segundo, pareceu-lhe uma hora — a bomba não explodia. Praskúkhin, atemorizado, perguntava-se se não seria vã a sua covardia — talvez a bomba houvesse caído bem longe, talvez tenha ouvido apenas o siflar do projétil. Abriu os olhos e, com uma satisfação egoísta, percebeu que Mikháilov, a quem devia doze rublos e meio, estava a seus pés, completamente estendido, imóvel, estreitado contra ele, deitado sobre o ventre. Nesse momento, seus olhos encontraram a escorva inflamada da bomba, que girava a um *archin* de distância.

Um horror, um horror gelado que aniquilava todo pensamento e sentimento, apoderou-se dele; cobriu o rosto com as mãos e caiu sobre os joelhos.

Passou-se ainda um segundo — um segundo em que um

mundo de sensações, pensamentos, esperanças e recordações atravessaram-lhe a imaginação.

"Quem será morto, eu ou Mikháilov? Ou os dois juntos? Se for eu, onde me atingirá? Se atingir a cabeça, é o fim; mas se atingir a perna, podem amputá-la, e vou pedir que me apliquem clorofórmio — ao menos estarei vivo. Mas é possível que seja apenas Mikháilov e então eu vou contar que estávamos juntos, que o mataram e seu sangue me encharcou. Não, está mais perto de mim — serei eu."

Lembrou-se aqui dos doze rublos que devia a Mikháilov, lembrou-se de outra dívida em Petersburgo que já há muito deveria ter honrado; veio-lhe à memória os motivos ciganos que havia cantado na véspera; surgia em sua imaginação a mulher que amava, com sua touca de fitas lilases; lembrou-se do homem que o ofendera cinco anos antes e a quem ainda não fizera pagar pela injúria; entretanto, inseparável dessas impressões e de milhares de outras, a consciência do momento presente — a espera da morte e o terror — nem por um instante o abandonava. "Pode ser que não exploda", pensou, e fez um esforço desesperado para abrir os olhos. Nesse instante, através das pálpebras ainda cerradas, surpreendeu-o um clarão vermelho; com um terrível estrondo, algo atingiu seu peito, quis correr, tropeçou no sabre que se deslocara sob as pernas e caiu sobre o flanco.

"Graças a Deus! Estou apenas contundido." Tal foi o seu primeiro pensamento, e quis levar as mãos ao peito — mas suas mãos pareciam atadas e sentia como se um torno prensasse a sua cabeça. Diante de seus olhos desfilavam soldados e inconscientemente ele os contava: "Um, dois, três soldados, e ali um oficial de capote forrado", pensava; em seguida, um relâmpago brilhou ante seus olhos e ele se perguntou se provinha de um morteiro ou de uma bala de canhão. Deve ser de canhão. E novamente uma salva de artilharia, e novamente os soldados — cinco, seis, sete soldados passam à sua frente. E de repente teve medo que o esmagassem; quis gritar que estava contundido, mas sua boca estava seca, sua língua colada no palato, uma terrível sede o atormentava. Percebeu que havia algo molhado em seu peito — essa sensação lhe sugeriu a ideia de água e quis beber esse líquido que o umedecia. "Certamente eu me abri em sangue, ao cair", pensou, e começou a se sentir cada vez mais invadido pelo terror de que os soldados, que continuavam a passar à sua frente, o esmagassem; reuniu todas as suas forças e quis gritar "levem-me" mas em vez disso lançou um gemido tão terrível, que se horrorizou ao escutá-lo. Em seguida, alguns fogos vermelhos puseram-se a dançar diante de seus olhos — e lhe pareceu que os soldados amontoavam pedras sobre ele; aos pouco os fogos iam se tornando raros, raros, e as pedras o soterravam mais e mais. Fez força para afastar as pedras, distendeu-se e já não via mais nada, não escutava, não pensava e não sentia. Morreu ali mesmo, onde o estilhaço o atingira.

13.

Mikháilov, ao ver a bomba, jogou-se por terra, cerrou os olhos, abriu-os e fechou-os por duas vezes e, assim como Praskúkhin, foi invadido por uma imensidão de pensamentos e sensações nesses dois segundos que a bomba levou para explodir. Rezando a Deus mentalmente, repetia sem cessar: "Seja feita a tua vontade! E por que eu decidi servir na guerra?". Pensava ao mesmo tempo. "Por que, além do mais, passei à infantaria e vim tomar parte na campanha? Não teria sido melhor ficar no regimento dos ulanos na cidade de T. e passar o tempo com a minha amiga Natália... e agora, veja o que acontece!" E começou a contar: um, dois, três, quatro, imaginando que se a bomba explodisse ao pronunciar um número par, então sobreviveria, mas se o número fosse ímpar, então seria morto. "Tudo acabado! Estou morto!" Pensou, quando a bomba explodiu (não lembrava se o número era par ou ímpar), e sentiu um golpe e uma dor violenta na cabeça. "Senhor, perdoa os meus pecados!"

Murmurou ele, erguendo os braços, levantando-se e caindo de costas desmaiado.

A primeira coisa que sentiu ao voltar a si foi o sangramento do nariz, e que a dor na cabeça estava bem menos intensa. "É a minha alma que me abandona", pensou, "o que haverá *lá*? Senhor! Recebe meu espírito em paz. Só uma coisa me espanta", refletia, "que, morrendo, eu escute tão claramente os passos dos soldados e o som dos tiros".

— Tragam as macas. Ei! O comandante da companhia está morto! — gritou sobre a sua cabeça uma voz, que ele logo reconheceu como a do tambor Ignátiev.

Alguém o puxou pelos ombros. Ele experimentou abrir os olhos e viu, acima de sua cabeça, o céu azul-escuro, grupos de estrelas e duas bombas que passavam alto, perseguindo uma à outra; viu Ignátiev, soldados com macas e fuzis, o aterro da trincheira e, súbito, se deu conta de que ainda não tinha ido para o outro mundo.

Ele havia sido levemente ferido por uma pedra na cabeça. Sua primeira impressão foi uma espécie de lamento: estava tão bem preparado e tranquilo para passar para *o lado de lá*, que lhe foi mesmo desagradável o retorno à realidade com as bombas, as trincheiras, os soldados, o sangue; sua segunda impressão foi a de uma alegria inconsciente por estar vivo; a terceira foi de medo, e desejo de se evadir o mais depressa possível do bastião. O tambor atou com um lenço a cabeça do seu chefe e, tomando-o pelo braço, pôs-se a conduzi-lo ao posto de socorro.

"Para onde estou indo? Por que me levam?", pensou o capitão-ajudante, voltando a si. "Meu dever é ficar com a companhia, não me afastar; além do mais, ela tem que sair logo da zona de fogo", murmurou, "está desde cedo em combate, merece uma compensação".

— Não é preciso, irmão — disse Mikháilov livrando o braço do servil tambor que, como ele, também queria se ver longe de lá o mais rápido possível. — Não vou ao posto de socorro, fico com a companhia.

E retornou.

— É melhor fazer um curativo decente, Vossa Nobreza — disse timidamente Ignátiev. — Na afobação, parece que não é nada, mas pode piorar se não fizer nada, veja como está queimado aqui... verdade, Vossa Nobreza.

Mikháilov deteve-se por um minuto, indeciso, e é provável que seguisse o conselho de Ignátiev, se não lhe viesse à memória uma cena que assistira no posto há alguns dias: um oficial com um pequeno arranhão no braço tinha ido fazer um curativo. O médico, ao examiná-lo, sorriu, e até mesmo um indivíduo que usava suíças lhe disse que não se preocupasse, que não morreria daquele ferimento e que com o garfo também é possível se ferir.

"É possível que ao olharem o meu ferimento também sorriam incrédulos, e que ainda façam algum gracejo", pensou o capitão-ajudante; e, apesar dos argumentos do tambor, retornou decidido à companhia.

— Onde está o oficial-ordenança Praskúkhin, que marchava comigo? — perguntou ao sargento, que conduzia a sua companhia.

— Não sei, parece que foi morto — respondeu a contragosto o sargento que, de resto, ficou descontente com a volta do capitão-ajudante, uma vez que sua presença o privaria do prazer de contar que fora o único oficial que restara na companhia.

— Morto ou ferido? Como você não sabe!? Ele marchava conosco. Por que não o resgatou?

— Fazer o quê, irmão, num fogo daqueles!

— Ah, como pode fazer isso, Mikhail Ivánovitch — disse Mikháilov, furioso —, como pode deixá-lo lá, e se estiver vivo? E mesmo se estiver morto, temos de levar o corpo; é oficial-ordenança do general e, como você disse, pode ainda estar vivo.

— Vivo onde, eu lhe digo, eu mesmo cheguei perto dele e vi — respondeu o sargento. — Faça o favor! Vamos levar os nossos daqui, dessa desgraça! Já, já, cai outra bomba — acrescentou, acocorando-se. Mikháilov pôs-se também de cócoras e levou as mãos à cabeça que, como todo esse movimento, voltara a lhe doer terrivelmente.

— Não! É preciso de todo jeito resgatá-lo, talvez ainda esteja vivo — disse Mikháilov. — É nosso *dever*, Mikhail Ivánitch!

Mikhail Ivánitch não respondeu.

"Se ele fosse um bom oficial, iria prontamente; será preciso, então, enviar alguns soldados, mas enviar como? Sob esse fogo cerrado, poderão morrer por nada", pensava Mikháilov.

— Rapazes! Precisamos retroceder até o fosso para buscar um oficial ferido — disse não demasiadamente alto, nem imperativo, pois sabia que os soldados ficariam descontentes em ter de cumprir tal ordem; e, de fato, como ele não se dirigira especialmente a ninguém, ninguém se moveu para atendê-lo.

— Sargento! Venha cá.

O sargento, como se não o tivesse escutado, continuou a caminhar para a sua posição na fileira.

"É possível que já esteja morto e, nesse caso, *não vale a pena* expor pessoas inutilmente ao perigo, mas eu serei o único culpado, se não me preocupar com isso. Vou sozinho verificar se ainda está vivo. É meu, esse *dever*", disse a si mesmo Mikháilov.

— Mikhail Ivánitch! Conduza a companhia, eu os alcançarei — disse ele. Apanhou o capote com uma mão, com a outra tocou a pequenina imagem do santo Mitrofane, em quem depositava uma fé especial, e pôs-se a descer a trincheira a trote, quase rastejando, tremendo de medo.

Depois de se certificar da morte do companheiro, Mikháilov, ofegante, inclinando-se para reter a bandagem que se desfazia e apoiar a cabeça que lhe voltava a doer terrivelmente, arrastou-se de volta. O batalhão já estava além da colina, quase fora do alcance dos tiros, quando Mikháilov o alcançou. Eu digo: *quase*, porque, vez por outra, ainda chegavam até ali algumas bombas desgarradas (os estilhaços, nessa noite, ainda mataram um capitão que na hora estava em um abrigo na terra).

"É bom que amanhã eu vá ao posto de socorro, inscrever-me", pensou o capitão-ajudante, enquanto um enfermeiro que acabara de chegar lhe fazia um curativo, "isso ajudará na recomendação de medalha".

14.

Centenas de corpos frescos e ensanguentados de homens, duas horas antes transbordantes dos mais variados desejos e esperanças elevadas ou mesquinhas, jaziam, os membros rígidos, sobre o vale orvalhado e florido, separados do bastião pela trincheira, ou sobre o solo liso da Capela dos Mortos em Sebastopol; centenas de homens, com imprecações ou orações sobre os lábios ressequidos, arrastavam-se, reviravam-se e gemiam — uns, entre cadáveres no vale florido; outros, sobre macas, sobre lonas ou sobre o solo ensanguentado do posto de socorro. E ainda assim, como nos dias precedentes, relâmpagos ardiam sobre a colina Sapun, estrelas tremeluzentes empalideciam, uma neblina esbranquiçada se estendia desde o mar escuro e ruidoso, a aurora púrpura incendiava o Oriente, longas nuvens rubras corriam pelo horizonte azul celeste, e ainda assim, como nos dias precedentes, com promessas de alegria, amor e felicidade a todos os seres viventes do mundo, erguia-se o belo e poderoso astro.

15.

No dia seguinte, ao entardecer, novamente a música dos militares tocava sobre o bulevar, e novamente oficiais, *junkers*, soldados e jovens mulheres passeavam endomingados em torno ao pavilhão e pelas baixas aleias floridas de acácias brancas perfumadas.

Kalúguin, o príncipe Gáltsin e um coronel qualquer caminhavam de braços dados ao redor do pavilhão e conversavam sobre a ação da véspera. O objeto mais importante da conversa, como sempre ocorre em casos semelhantes, não era a própria ação, mas a participação e a valentia que mostrava aquele que narrava. Os rostos e o som de suas vozes expressavam gravidade e quase tristeza, como se as perdas da véspera os comovessem e amargurassem, mas, a bem da verdade, como nenhum deles havia perdido alguém próximo (e acaso as pessoas, na vida militar, são próximas?) essa expressão de tristeza era apenas formal, mas considerada necessária. De sua parte, Kalúguin e o coronel estavam sempre prontos para tais ações, pelas quais esperavam receber não menos que o sabre de ouro e o grau de general-major, o que não impedia que fossem ótimas pessoas. Eu gosto quando chamam de monstro a qualquer conquistador que, para satisfazer sua ambição, destrói milhões de seres. Interrogue com seriedade o sargento-mor Pietrúchov, o subtenente Antónov e etc., cada um deles um pequeno Napoleão, um pequeno monstro, sempre pronto a empreender um combate, matar centenas de pessoas apenas para obter uma estrelinha a mais ou um terço de soldo complementar.

— Não, desculpe — disse o coronel —, mas tudo começou no flanco esquerdo. *Veja, eu estava lá.*

— Pode ser — respondeu Kalúguin —, *eu fiquei no direito; estive lá duas vezes: uma vez para procurar o general, outra para examinar as casamatas. Lá é que pegava fogo.*

— Sim, é verdade, Kalúguin tem razão — disse o príncipe Gáltsin ao coronel. — Sabe que V... andou *me* falando de você, disse que é valente.

— Mas houve perdas, perdas terríveis — disse o coronel naquele tom formal de tristeza —, *o meu regimento perdeu quatrocentos homens.* É inacreditável *que eu tenha saído vivo de lá.*

Nesse momento, caminhando na direção em que esses senhores se encontravam, surgiu na outra extremidade do bulevar a figura lilás de Mikháilov, com suas botas de saltos um pouco gastos e a cabeça enfaixada. Ficou confuso ao vê-los: lembrou-se de que na véspera se agachara na frente de Kalúguin, e veio-lhe à mente que pensariam estar fingindo o ferimento. Tanto que, se aqueles senhores não o houvessem visto, desceria a rua desabalado para casa e de lá não sairia até que pudesse retirar a faixa.

— *Il fallait voir dans quel état je l'ai rencontré hier sous le feu*[38] — disse Kalúguin sorrindo, no momento em que se cruzaram.

— Que houve, feriu-se capitão? — disse Kalúguin com um sorriso que significava: "Você me viu ontem? Que tal, eu?".

— Sim, um pouco, com uma pedra — respondeu Mikháilov ruborizando e com uma expressão que dizia: "Reconheço que você é um bravo e que eu sou um fraco".

— *Est-ce que le pavillon est baissé déjà?*[39] — perguntou o príncipe Gáltsin com sua expressão arrogante, olhando acima do boné do capitão-ajudante, não se dirigindo a ninguém particularmente.

— *Non, pas encore*[40] — respondeu Mikháilov, desejando mostrar que conhece e fala francês.

— Será que ainda vige o armistício? — perguntou Gáltsin, cortês, dirigindo-se ao capitão-ajudante em russo, como se dissesse — assim pareceu a este — que deveria ser penoso para ele falar em francês, então, não seria melhor, simplesmente...? E com isso, os ajudantes de ordens o deixaram.

O capitão-ajudante sentiu-se, como na véspera, extremamente solitário, e após saudar diversos senhores sem desejar abordar alguns e sem ousar aproximar-se de outros, sentou-se próximo ao monumento de Kazarski para fumar um cigarro.

O barão Piest também veio ao bulevar. Contou que estivera presente no armistício e conversara com oficiais franceses, e que um desses oficiais lhe teria dito: "*S'il n'avait pas fait clair encore pendant une demi-heure, les embuscades auraient été reprises*".[41] Ao que ele lhe respondera: "*Monsieur! Je ne dis pas non, pour*

[38] "Só vendo em que estado eu o encontrei ontem, sob o fogo."

[39] "Será que já abaixaram a bandeira?"

[40] "Ainda não."

[41] "Se tivesse permanecido escuro por mais meia hora, as casamatas teriam sido retomadas."

ne pas vous donner un démenti",[42] que ele soube responder muito bem e assim por diante.

Na realidade, apesar de ter participado do armistício, não soube dizer nada de memorável, muito embora tivesse uma terrível vontade de conversar com os franceses (pois é terrivelmente engraçado conversar com franceses). O que fez o *junker* barão Piest foi percorrer a linha e perguntar constantemente aos franceses de quem se aproximava: "*De quel régiment êtes-vous?*".[43] Respondiam-lhe e nada mais. Porém, ao ultrapassar a linha, uma sentinela francesa desconfiou do fato de Piest falar francês, e um terceiro praguejou: "*Il vient regarder nos travaux ce sacré c...*",[44] disse ele. Em consequência, e por não encontrar nada que o interessasse na negociação, o *junker* barão Piest voltou para casa, e estava já a caminho quando imaginou as tais frases atribuídas aos franceses em sua narração. No bulevar achavam-se também o capitão Zóbov que falava alto, o capitão Óbjogov com seu aspecto desleixado, um capitão de artilharia que não bajulava ninguém, um *junker* feliz e apaixonado, e todos aqueles mesmos rostos da véspera, movidos sempre pelos eternos impulsos de falsidade, vaidade e futilidade. Faltavam apenas Praskúkhin, Niefiórdov e outro qualquer, dos quais já quase ninguém se lembrava ou pensava, embora seus corpos ainda nem tivessem sido lavados, vestidos e enterrados, e os quais, passado um mês, seriam também esquecidos por seus pais, mães, esposas, filhos, caso os tivessem, se é que não seriam esquecidos antes mesmo.

— Quase não reconheci esse velho aqui — diz um soldado encarregado da limpeza dos corpos, enquanto levanta sobre os ombros o cadáver de um homem atingido no peito, com sua enorme cabeça deformada, rosto enegrecido e lustroso e pupilas reviradas. — Pegue-o por baixo, Morózka, senão ele pode se romper. Ah! Que cheiro podre!

---

42 "Senhor! Eu não digo que não, para não contrariá-lo."

43 "A que regimento você pertence?"

44 "Ele veio observar os nossos trabalhos, esse miserável c..."

"Ah! Que cheiro podre!" — isso foi tudo o que restou daquela pessoa entre os seus semelhantes.

16.

Nos nossos bastiões e nas trincheiras francesas foram içadas bandeiras brancas; entre elas, sobre o vale florido, jaziam, em montículos, corpos mutilados sem botas e com vestimentas cinza e azuis, que eram carregados por trabalhadores e depositados sobre carroças. O terrível e pesado odor dos corpos mortos empesteava o ar. De Sebastopol e do campo francês precipitavam-se multidões de pessoas para assistir a esse espetáculo e, com uma curiosidade ávida e complacente, corriam uns para os outros.

Escute o que dizem entre si essas pessoas.

Em meio a um círculo de russos e franceses, um oficial jovenzinho que fala mal francês, mas bem o suficiente para que o compreendam, examina a cartucheira de um oficial adversário.

— *E ceci purcuá ce uazô ici?*[45] — disse ele.

— *Parce que c'est une giberne d'un régiment de la garde, monsieur, qui porte l'aigle impérial.*[46]

— *E vu de la garde?*[47]

— *Pardon, monsieur, du sixième ligne.*[48]

— *E ceci u achtê?*[49] — perguntou o oficial, apontando para a cigarreira de madeira amarela do francês.

— *À Balaclave, monsieur! C'est tout simple, en bois de palme.*[50]

---

[45] "O que é isso, por que há esse pássaro aqui?" (*Et ceci, pourquoi cet oiseaux ici?* No original, todas as falas da personagem estão grafadas em russo, para indicar seu francês macarrônico.)

[46] "Porque é a cartucheira de um regimento da guarda, senhor, traz a águia imperial."

[47] "E você é da guarda?" (*Et vous [êtes] de la garde?*)

[48] "Não, perdão, senhor, da sexta linha."

[49] "E onde você comprou isso?" (*Et ceci, où [vous l'avez] acheté?*)

[50] "Em Balakláva, senhor. É bem simples, em madeira de palmeira."

— *Joli!*[51] — disse o oficial, que na conversa era conduzido não pelo que desejava dizer, mas pelas palavras que conhecia.

— *Si vous voulez bien garder cela comme souvenir de cette rencontre, vous m'obligerez*[52] — o amável francês deu uma tragada e ofereceu sua cigarreira ao oficial, fazendo-lhe uma pequena mesura. O oficial russo lhe deu a sua em troca, e todos os que participavam da cena, franceses e russos, mostraram-se encantados e sorridentes.

Eis que um soldado de infantaria de camisa rosa e capote jogado sobre os ombros, em companhia de outros soldados, que se mantêm atrás dele com as mãos às costas e certo ar galhardo e curioso, aproxima-se de um francês e lhe pede fogo para o cachimbo. O francês esgaravata as cinzas do cachimbo e dá fogo ao russo.

— *Tabac bun*[53] — diz o soldado de camisa rosa, e os espectadores sorriem.

— *Oui, bon tabac, tabac turc* — diz o francês —, *et chez vous tabac russe? Bon?*[54]

— *Rus bun* — diz o soldado de camisa rosa, enquanto os outros rolam de rir. — *France niet bun, bonjur muciê*[55] — diz, esgotando de vez todo o repertório que possuía da língua. Dá um tapinha no ventre do seu interlocutor e cai na risada. Os franceses também riem.

— *Ils ne sont pas jolis ces bêtes de russes*[56] — diz um zuavo[57] do grupo dos franceses.

---

[51] "Bonito!"

[52] "Se você deseja guardá-la como lembrança do nosso encontro, fico-lhe reconhecido."

[53] "Bom tabaco."

[54] "Sim, bom tabaco, tabaco turco — e vocês têm tabaco russo? É bom?"

[55] "O russo é bom... o francês não é bom, bom dia, senhor" (*[Le] russe [est] bon... le français [n'est pas] bon, bonjour monsieur).*

[56] "Não são nada delicados, esses animais russos."

[57] Soldado argelino à serviço da França.

— *De quoi de ce qu'ils rient donc?*[58] — diz outro soldado, negro, com acento italiano, aproximando-se dos nossos.

— *Caftan bun*[59] — diz o nosso soldado observando a veste bordada do zuavo, e novamente riem.

— *Ne sortez pas de la ligne, à vos places, sacré nom...*[60] — grita um caporal francês, e os soldados dispersam-se visivelmente descontentes.

Em um círculo de oficiais franceses, um de nossos jovens oficiais de cavalaria solta jargões franceses de barbearia. A conversa girava em torno de um certo *comte Sazonóff, que j'ai beaucoup connu, monsieur*[61] — diz um oficial francês com uma dragona. — *C'est un de ces vrais comtes russes, comme nous les aimons.*[62]

— *Il y a un Sazónov que j'ai connu* — diz o oficial da cavalaria —, *mais il n'est pas comte, à moins que je sache, un petit brun de votre âge à peu près.*[63]

— *C'est ça, monsieur, c'est lui. Oh, que je voudrais le voir, ce cher comte. Si vous le voyez, je vous prie bien de lui faire mes compliments. Capitaine Latour*[64] — diz, fazendo uma mesura.

— *N'est-ce pas terrible la triste besogne, que nous faisons? Ça chauffait cette nuit, n'est-ce pas?*[65] — diz o oficial de cavalaria, desejando manter a conversa e indicando os cadáveres.

— *Oh, monsieur, c'est affreux! Mais quels gaillards vos soldats,*

---

58 "De que eles estão rindo afinal?" (Pronúncia de um soldado africano para: *de quoi [est-ce] qu'ils rient donc?").*

59 "Bom cafetã."

60 "Não saiam da linha, nos seus lugares, que diabos..."

61 "Conde Sazonóff, que eu conheci bem, senhor."

62 "É um dos legítimos condes russos, que nós amamos."

63 "Eu conheci um Sazónov, mas, até onde sei, não é conde, é baixo e moreno, tem mais ou menos a sua idade."

64 "É isso, senhor, é ele. Ah, como eu gostaria de rever o querido conde. Se o vir, peço-lhe encarecidamente que lhe dê meus cumprimentos. Capitão Latour."

65 "Não é terrível a triste tarefa com que nos ocupamos? Pegou fogo esta noite, não?"

quels gaillards! C'est un plaisir que de se battre contre des gaillards comme eux.[66]

— *Il faut avouer que les vôtres ne se mouchent pas du pied non plus*[67] — diz o oficial de cavalaria com uma mesura, imaginando estar sendo bem simpático.

Mas chega disso!

Observe antes esse menininho de dez anos com um quepe velho, provavelmente do pai, sapatos sobre os pés nus e calças de nanquim presas por um único suspensório, que já no início da trégua cruzara a muralha e que agora percorre o vale, observando com uma curiosidade estúpida os franceses e os cadáveres estendidos sobre a terra, enquanto colhe flores azuis do campo, espalhadas por todo esse vale funesto. Ao voltar para casa com um grande buquê, tapa o nariz para evitar o odor que o vento lhe traz dos corpos reunidos em montículos, e contempla longamente um horrível cadáver decapitado que se acha por perto. Depois de um bom tempo imóvel, aproxima-se e toca com o pé o braço regelado e estendido do cadáver. O braço balança ligeiramente. Toca novamente com mais força. O braço balança novamente e volta para o lugar. O menino, súbito, dá um grito, esconde o rosto nas flores e sai correndo a perder o fôlego na direção da fortaleza.

Sim, no bastião e na trincheira tremulam bandeiras brancas, o vale florido está repleto de corpos fétidos, o belo sol se põe sobre o mar azul, e o mar azul reflete em suas ondulações os raios dourados do sol. Milhares de pessoas aglomeram-se, observam, conversam e sorriem umas às outras. E essas pessoas — cristãs, que professam a mesma grande lei do amor e do sacrifício, olhando para o que fizeram, não cairão subitamente de joelhos, arrependidas, ante Aquele que, tendo lhes dado a vida, colocou na alma de cada um, junto com o horror da morte, o amor ao bem e ao belo, nem se abraçarão como irmãos, vertendo lágri-

---

66 "Oh, senhor, é monstruoso! Mas que valentes são os vossos soldados, que valentes! É um prazer lutar contra uma gente tão valente como essa!"

67 "É preciso confessar que os vossos também não ficam atrás."

mas de júbilo e felicidade. Não! Os trapos brancos foram retirados e novamente silvam os engenhos de morte e sofrimento, novamente entorna-se sangue inocente e ouvem-se gemidos e imprecações.

Pois bem, concluí desta vez o que queria dizer. Mas um pensamento pesado me domina. Talvez não fosse necessário falar de tudo isso. Talvez tudo o que eu disse pertença a uma dessas verdades perversas que, encerradas inconscientemente na alma de cada um, não devessem ser pronunciadas para que não venham a se tornar prejudiciais, assim como não se deve agitar a borra para não estragar o vinho.

Mas onde estão as expressões do mal que se deve evitar? Onde estão as expressões do bem que se deve imitar, nessa narração? Quem é o facínora e quem é o herói aqui? Todos são bons e todos são maus.

Nem Kalúguin, com sua brilhante bravura (*bravoure de gentilhomme*)[68] e sua vaidade, que é o móbil de todos os seus atos; nem Praskúkhin, homem inofensivo e medíocre, embora tenha tombado no campo de batalha *em nome da fé, do trono e da pátria*; nem Mikháilov com sua covardia e visão estreita; nem Piest, uma criança sem convicções e regras morais firmes; nenhum deles pode ser nem o facínora, nem o herói desse conto.

O herói do meu conto, aquele que amo com todas as forças da minha alma, que tentei forjar em toda a sua beleza e que sempre foi, é e será belo — é a verdade.

26 de junho de 1855

---

68 "Bravura de fidalgo."

Sebastopol em agosto de 1855

1.

Em fins de agosto, pela grande estrada de Sebastopol revestida de macadame, entre Duvanka e Bakhtchissarai, seguia a telega de um oficial (um veículo especial que não se encontra mais em lugar nenhum, algo entre a *britchka* judia, a charrete russa e um cesto).

À frente da charrete, com as rédeas à mão, mantinha-se agachado uma ordenança em sobrecasaca de nanquim e usando um velho boné de oficial totalmente deformado; atrás, sobre pacotes e fardos cobertos por um tecido grosso, vinha sentado um oficial de artilharia em capote de verão. Pelo que se podia inferir de sua posição na telega, o oficial era de baixa estatura, mas de compleição extraordinariamente larga, não tanto de ombro a ombro quanto do peito às costas; era largo e corpulento, pescoço e nuca protuberantes e tesos, não possuía o que se pode chamar de cintura — uma talha no meio do tronco — e também não possuía ventre; ao contrário, era bastante magro, sobretudo o rosto, coberto por crestas amarelas e doentias. Teria um rosto bonito, não fosse o inchaço e as rugas numerosas e imprecisas, que não eram de velhice, invadirem seus traços, dando-lhe uma expressão grosseira e sem frescor. Seus olhos eram pequenos, castanhos, muito vivos, mesmo insolentes; os bigodes eram espessos, não muito largos e estavam bastante mordiscados; trazia o queixo e as maçãs do rosto cobertos por uma barba escura de dois dias, sólida e cerrada. O oficial havia sido ferido em 10 de maio por um estilhaço na cabeça e a mantinha ainda agora enfaixada, mas, por se sentir restabelecido já há uma semana, retornava do hospital de Simferopol para o regimento, que deveria estar em algum lugar por ali, de onde vinha o som de tiros — talvez estivesse na própria Sebastopol, talvez em Siévernaia ou em Inkerman, ele ainda não conseguira saber ao certo. Os ruídos das detonações já eram percebidos de forma clara e frequente, sobretudo quando as montanhas não atrapalhavam ou o vento os trazia, parecendo muito próximos: por vezes, alguma explosão como que sacudia o ar, causando-lhe um sobressalto involuntário; outras vezes, tiros menos possantes se seguiam em intervalos próximos, como um tamborilar cortado eventualmente por algum assombroso ruído surdo; às vezes, jorravam sequências de estrondos, semelhantes aos golpes de trovão que ocorrem no instante em que a tempestade alcança seu ápice, no exato momento em que vai cair o aguaceiro. Todos diziam, mas também se escutava claramente, que o bombardeio seguia terrível. O oficial apressou a ordenança: parecia querer chegar o quanto antes. Vindo em sua direção, surgiu um comboio de mujiques russos que, após ter levado víveres a Sebastopol, regressava com as carroças abarrotadas de soldados doentes e feridos em capotes cinzentos, de marinheiros em casacos pretos, de voluntários gregos em barretes vermelhos e de milicianos barbudos. A charrete teve de parar e o oficial, franzindo os olhos e contraindo-se em razão da nuvem espessa e imóvel de poeira que se levantava sobre a estrada e lhe entrava pelos olhos e ouvidos, e colava-se ao seu rosto suado, observou com exacerbada indiferença as figuras dos doentes e feridos que desfilavam a sua frente.

— Aquele soldadinho fracote é do nosso regimento — disse a ordenança voltando-se ao seu senhor e apontando para uma das carroças com feridos que neste instante passava por eles.

À frente da carroça vinha sentado, meio de lado, um russo barbudo com chapéu de lã, atando um chicote que segurava com o cotovelo. Atrás dele, chacoalhavam uns cinco soldados em atitudes diversas. Um deles, sentado no centro da carroça, trazia um braço cingido por uma espécie de corda e o capote jogado às costas sobre a camisa totalmente imunda; parecia bem disposto, apesar da magreza e palidez, e, ao ver o oficial, fez menção de tirar o chapéu, mas, lembrando-se de que estava ferido, fingiu coçar a cabeça. A seu lado havia outro, deitado no fundo da carroça; deste, viam-se apenas as duas mãos descarnadas agarradas às cantoneiras e os joelhos levantados, que balançavam como dois trapos para lá e para cá. Um terceiro, de rosto inchado e chapéu militar enfiado na cabeça enfaixada, estava sentado na lateral com as pernas pendendo sobre as rodas, os cotovelos sobre os joelhos e parecia dormitar. A este, dirigiu-se o oficial.

— Dóljnikov! — gritou.

— Eu-ô — respondeu o soldado abrindo os olhos e tirando o boné, numa voz grave tão densa e entrecortada que mais parecia o brado de uns vinte soldados.

— Quando você se feriu, irmão?

Os olhos mortiços do soldado ganharam vida: ele reconheceu seu oficial.

— Saúde, Vossa Nobreza! — bradou, com aquela mesma voz grave entrecortada.

— Onde está o regimento?

— Estavam em Sebastopol; na quarta-feira queriam se mudar, Vossa Nobreza!

— Para onde?

— Não se sabe... provavelmente para Siévernaia, Vossa Nobreza! A essa hora, Vossa Nobreza — acrescentou em tom mais arrastado, recolocando seu boné —, os disparos já começaram, é tanta bomba, que chega até o porto; a essa hora já está batendo tanto, que é uma desgraça e mesmo...

Não era mais possível escutar o que dizia o soldado, mas pela expressão de seu rosto e pelos seus gestos estava claro que ele, com uma animosidade natural ao homem que sofre, dizia coisas pouco consoladoras.

O oficial em viagem, tenente Kozieltsov, era um oficial excepcional. Não era desses que vivem de tal forma e fazem tais e tais coisas ao invés de outras, apenas porque é assim que os outros vivem e é assim que agem: ele fazia tudo o que queria e eram os outros que o imitavam, convencidos de que era bom. Possuía uma natureza bastante rica; não era nada tolo e ainda era muito talentoso, cantava bem, tocava viola, falava com desenvoltura e redigia com facilidade, sobretudo papéis oficiais, prática que adquirira em seu período de ajudante de ordens do regimento; mais notável que tudo isso, no entanto, era a natureza do seu amor-próprio que, embora fundado nesses pequenos talentos, era por si mesmo um traço forte e surpreendente. Era um amor-próprio desses que se confundem a tal ponto com a vida, se desenvolvem em tal grau na figura masculina, sobretudo entre os militares, que não deixam alternativas a não ser assumir a primazia ou aniquilar-se, movendo-se mesmo em seus impulsos mais íntimos: ainda que só, consigo mesmo, o oficial adorava primar sobre as pessoas com as quais se comparava.

— Ah, claro! Vou mesmo escutar a tagarelice desse *Moscou*![69] — murmurou o tenente, sentindo uma pesada apatia no coração e uma névoa nos pensamentos ante a visão daqueles feridos sendo transportados e as palavras do soldado, que logo se viram reforçadas e confirmadas pelos sons do bombardeio. — Engraçado esse *Moscou*... Vamos lá, Nikoláiev, toque em frente... O que é, está dormindo? — acrescentou, com certo mau humor, dirigindo-se à ordenança, enquanto arrumava a barra do seu capote.

As rédeas se agitaram, Nikoláiev estalou a língua e a charrete partiu a trote.

---

[69] Em muitos regimentos da ativa, os oficiais se referem aos soldados como *Moscou* ou *Juramento*, com certo desdém, mas também com certo carinho. [Nota do autor.]

— Vamos parar só um minuto para lhes dar de comer e prosseguimos ainda hoje — disse o oficial.

2.

Ao penetrar uma rua ladeada por restos de paredes de pedra em ruínas, onde antes estavam as casas tártaras de Duvánka, o tenente Kozieltsov foi novamente detido, desta vez por um transporte de bombas e balas que se dirigia a Sebastopol e que atravancava o caminho.

Dois soldados de infantaria estavam sentados sobre as pedras de uma ruína em meio à poeira e comiam melancia com pão.

— Vai para longe, patrício? — indagou um deles, mastigando pão, a um soldado que se aproximava, portando um pequeno saco às costas.

— Para a companhia, acabamos de chegar da província — respondeu o soldado desviando o olhar da melancia e ajeitando seu saco às costas. — Não faz três semanas, estávamos apanhando feno para a companhia, e agora, veja, requisitaram todos; mas ninguém sabe onde está o regimento nesse instante. Disseram que os nossos fizeram a rendição em Korabiélnaia, semana passada. Vocês ouviram falar alguma coisa, senhores?

— Na cidade, irmão, está na cidade — interveio o outro, um velho soldado que escavava prazerosamente com o canivete a melancia esbranquiçada, ainda não madura. — Nós saímos de lá ao meio-dia. Ah, meu irmão, está tão terrível por lá que é melhor não ir, vale mais se arranjar por aqui em algum lugar, no feno, e descansar um ou dois dias.

— O que há por lá, senhores?

— Você não escuta? Hoje *ele* está atirando pra todo lado, não há lugar que esteja de pé. O que já liquidou dos nossos, não dá pra contar — após dizer isso, levantou o braço e arrumou o chapéu.

O soldado de passagem abaixou a cabeça, pensativo, estalou a língua, sacou do cano da bota seu cachimbo e, ao invés de enchê-lo, esgaravatou o tabaco meio queimado que já continha; depois, acendeu um pedaço de pavio no cachimbo de outro soldado e levantou seu boné.

— Deus é quem sabe, senhores! Peço licença! — disse ele, e, agitando o saco às costas, tomou a estrada.

— Ei! É melhor esperar um pouco! — gritou-lhe com insistência o soldado que escavava a melancia.

— É sempre a mesma coisa — murmurou o viajante, enquanto deslizava entre as carroças que se apinhavam por ali — preciso também comprar uma melancia para a janta; veja só o que as pessoas dizem.

3.

A estação de troca estava repleta de pessoas, quando Kozieltsov se aproximou. A primeira pessoa que viu no pátio foi o jovem e magro chefe da estação, a discutir com dois oficiais que o seguiam.

— E não são três dias inteiros, mas uma dezena que terão de esperar! Até os generais esperam, meu pai! — dizia-lhes o chefe da estação com vontade de fustigá-los. — E não sou eu quem vai ser atrelado a sua charrete.

— Se é assim, não se deveria dar cavalos a ninguém mais!... Por que, então, fornecer àquele lacaio que chegou com bagagens? — gritou o mais velho dos dois oficiais com um copo de chá na mão, evitando claramente o emprego de um pronome pessoal, dando a entender que estava a um passo de usar o *tu* com seu interlocutor.

— Reflita você mesmo, senhor — disse com certa hesitação o segundo, um oficialzinho jovem —, não estamos viajando por vontade própria. Precisam de nós, por isso nos chamaram. Se é assim, vou levar ao conhecimento do general Kramper. Se é assim... significa que você não respeita a graduação dos oficiais.

— Você sempre estraga tudo! — interrompeu-o com irritação o mais velho. — Sempre me atrapalha; é preciso saber como falar com eles. Dessa forma, ele perde o respeito. Eu disse que quero cavalos agora!

— Com prazer, meu pai, mas onde apanhá-los?

O chefe da estação calou-se por um instante e, de súbito, acalorando-se e gesticulando, pôs-se a falar:

— Sim, meu pai, eu compreendo bem, eu sei bem; mas o que vocês podem fazer? Bem, deem-me apenas (no rosto dos oficiais estampou-se a esperança)... deem-me apenas até o final do mês, e não me verão mais aqui. É melhor ir para o monte Malákhov do que ficar aqui. Por Deus! Façam o que quiserem com suas ordens: em toda a estação não há uma viatura em bom estado e faz três dias que os cavalos não veem um punhado de feno sequer.

E o chefe da estação desapareceu pelo portão.

Kozieltsov dirigiu-se a uma sala junto com os oficiais.

— Paciência — disse muito calmo o oficial mais velho ao mais jovem, apesar de um segundo antes ter se mostrado enfurecido — Já estamos viajando há três meses, podemos esperar um pouco mais. Não é nenhuma desgraça; vamos chegar, é o que interessa.

A sala enfumaçada e suja estava tão repleta de oficiais e bagagens que Kozieltsov com custo encontrou lugar junto à janela, onde se sentou; observando as pessoas e ouvindo as conversas, pôs-se a enrolar um cigarro. À direita da porta, ao redor de uma mesa curva e sebenta, onde havia dois samovares de cobre esverdeado e pedaços de açúcar em cornetas de papel, estava instalado o grupo principal: um jovem oficial imberbe vestindo um novo *arkhaluk*[70] acolchoado, talhado em formato um tanto feminino, enchia de água a chaleira; outros quatro jovens oficiais se espalhavam pelo cômodo: um deles havia colocado sob a cabeça uma peliça e dormia no divã; outro, de pé à mesa, cortava um pedaço de carneiro assado para um camarada maneta.

[70] Jaqueta.

Dois oficiais, um deles em casaco de ajudante de ordens, outro em uniforme de infantaria, mas de tecido fino e com uma sacola transpassada pelo ombro, estavam sentados junto ao fogão; pela forma como olhavam os outros e pelo jeito com que fumava aquele que portava a sacola, percebia-se que não eram oficiais de infantaria do exército em campanha e que estavam satisfeitos por isso. Percebia-se neles não apenas uma postura desdenhosa, mas também uma tranquila autossuficiência, fundada em parte na sua opulência, em parte em suas estreitas relações com os generais — e a consciência da sua superioridade os levava a desejarem dissimulá-la. Um jovem médico de lábios grossos e um artilheiro de fisionomia alemã, sentados quase aos pés do jovem oficial que dormia no divã, contavam dinheiro. Quatro ordenanças encontravam-se também por ali — um desses homens cochilava, enquanto os outros arrastavam malas e fardos que atravancavam a porta. Kozieltsov não reconheceu ninguém entre aqueles rostos, mas pôs-se a ouvir com curiosidade as conversas. Agradaram-lhe muito os jovens oficiais, que, como percebeu logo à primeira vista, mal haviam saído da escola de cadetes, mas, sobretudo, porque lembravam seu irmão, também recém-saído da escola e que nos próximos dias deveria ser incorporado a alguma das baterias de Sebastopol. Já o oficial com a sacola transpassada, cujo rosto acreditava ter visto em algum lugar, parecia-lhe insolente e hostil. Com a intenção de "colocá-lo no lugar, caso ouse dizer algo" — saiu da janela e foi se sentar perto do fogão. Kozieltsov, como verdadeiro combatente e bom oficial que era, não somente não apreciava, como se revoltava contra essa gente do estado-maior, categoria que reconheceu imediatamente nesses dois oficiais.

4.

— De qualquer forma, é terrivelmente aborrecido — dizia um dos oficiais — estar tão perto e não poder chegar. É possível que hoje aconteça algo e nós não estaremos lá.

O tom agudo da voz e o rubor fresco que tingia o rosto juvenil do oficial quando falava, denotava essa charmosa timidez do jovem que teme a cada instante dizer algo inconveniente.

O oficial maneta observou-o com um sorriso.

— Você vai conseguir, creia-me — disse.

O oficialzinho jovem olhou respeitosamente para o rosto descarnado do companheiro que inesperadamente se iluminou com um sorriso; calou-se e voltou a se ocupar com o chá. Com efeito, a fisionomia do maneta, sua postura e, sobretudo a manga vazia do seu capote diziam muito dessa calma indiferença com que ele lidava com os fatos ou conversas, como se dissesse: "Está tudo ótimo, eu sei de tudo e posso fazer tudo, basta apenas que eu queira".

— E o que decidimos — retomou o oficial ao seu companheiro de *arkhaluk* —, passamos a noite aqui, ou seguimos no *meu* cavalo?

O companheiro recusou-se a partir.

— Você pode imaginar, capitão — continuou aquele que servia o chá, dirigindo-se ao maneta e apanhando uma faquinha que este deixara cair —, disseram-nos que os cavalos são terrivelmente caros em Sebastopol; nós, então, compramos um em comum, em Simferopol.

— Caro, sim, mas será que não os escorcharam?

— Sinceramente, não sei, capitão: nós pagamos noventa rublos pelo cavalo com a charrete. É muito caro? — perguntou, dirigindo-se a todos, também a Kozieltsov que o observava.

— Não é caro se for um cavalo jovem — disse Kozieltsov

— Verdade? E nos disseram que era caro... é verdade que ele manca um pouco, mas isso vai passar, foi o que nos disseram. É um animal vigoroso.

— Vocês pertencem a que corpo de cadetes? — perguntou Kozieltsov, desejando saber do irmão.

— Nós agora servimos no regimento da nobreza, somos seis e estamos todos indo a Sebastopol por vontade própria — disse o oficialzinho que adorava falar —, só que não sabemos onde está nossa bateria: uns dizem que está em Sebastopol, outros dizem que está em Odessa.

— Será que em Simferopol ninguém sabe? — perguntou Kozieltsov.

— Não sabem... Imagine que um companheiro nosso foi à chancelaria de lá e o insultaram... pode imaginar, que desagradável! Quer que eu prepare um cigarro? — perguntou ao maneta, que nesse instante tentava puxar sua cigarreira.

E o jovem pôs-se a ajudá-lo com certo arrebatamento servil.

— E você também vem de Sebastopol? — continuou. — Ah, meu Deus, como é curioso! Como todos nós em Petersburgo pensamos em vocês, nos heróis! — disse ele dirigindo-se a Kozieltsov com respeito e uma bonomia afetuosa.

— E então, vocês agora retornam? — perguntou o tenente.

— Bem, isso é justamente o que receamos. Imagine que depois de comprarmos o cavalo e adquirirmos o necessário, cafeteira, álcool e outras pequenas coisas indispensáveis, não nos sobrou nem um centavo — disse em voz baixa, lançando um olhar ao seu companheiro —, de modo que não sabemos o que fazer, ainda que para retornar.

— Vocês não receberam abono de transferência? — perguntou Kozieltsov.

— Não — respondeu o jovem num sussurro —, haviam prometido nos reembolsar aqui.

— Vocês têm o certificado?

— Eu sei que o certificado é importante, mas quando estava em Moscou, um senador, que é meu tio, disse-me que eu conseguiria obtê-lo aqui, do contrário ele certamente teria me dado. Você acha que me darão?

— Certamente.

— Também acho que talvez me deem — disse o oficialzinho em um tom de voz que sugeria já haver feito tal pergunta em ao menos uma trintena de estações, sempre obtendo respostas diferentes e que, portanto, já não confiava muito em ninguém.

5.

— Como podem não dar — disse súbito o oficial que havia discutido no pátio com o chefe da estação, aproximando-se nesse momento do grupo, mas dirigindo-se em parte aos oficiais do estado-maior sentados ali por perto, considerando-os ouvintes mais qualificados. — Da mesma forma que esses senhores, eu quis ingressar no exército em campanha; e por Sebastopol renunciei a um belo posto e não recebi pelo percurso a partir da cidade de P. mais que cento e trinta e seis rublos de prata, sendo que já pus mais de cento e cinquenta do meu próprio bolso. Imaginem, já são três meses de viagem, oitocentas verstas.[71] Há dois meses estou com esses senhores. Ainda bem que disponho de dinheiro. Que teria acontecido se não dispusesse?

— Três meses? — perguntou alguém.

— E o que devo fazer? — continuou o narrador. — Se eu não estivesse disposto a partir, não teria recusado um posto tão bom; em consequência, não teria de levar uma vida pelas estradas, não que eu tenha medo... mas não há nenhuma viabilidade. Em Perekop, por exemplo, tive de ficar duas semanas; o chefe da estação sequer falava conosco: "Se quiser, pode partir"; são as chantagens correntes. Sim, sem dúvida é o destino... certamente eu desejava, mas está claro que foi o destino; independente se há agora um bombardeio, apressar-se ou não se apressar dá claramente no mesmo; eu no entanto bem que desejei...

Esse oficial punha tanto zelo a explicar as razões de seu atraso, e mesmo a justificá-lo, que chegou a dar a impressão de ser um covarde. E isso se tornou mais notório quando se informou sobre o lugar onde se encontrava seu regimento e perguntou se o local era perigoso. Chegou a empalidecer e perder a voz, quando o oficial maneta, que pertencia àquele mesmo regimento, lhe contou que nos últimos dois dias mais de dezessete oficiais haviam sido postos fora de combate.

---

[71] Antiga medida russa para o cálculo de distâncias, equivalente a 1.067 metros.

É fato que se esse oficial se mostrava agora um covarde medroso, seis meses antes estava bem longe de o ser. O que se produziu nele foi uma revolução como muitos experimentaram, antes e depois dele. Até então, vivia em uma das nossas províncias que possuem corpos de cadetes e tinha uma posição excelente e tranquila; mas, lendo nos jornais e em cartas pessoais narrativas sobre os atos dos heróis de Sebastopol, entre os quais contavam antigos camaradas seus, incendiou-o subitamente a ambição e mais ainda — o patriotismo.

Sacrificou a esse sentimento muitas coisas: uma situação estabelecida, um apartamento com móveis confortáveis que lhe custara oito anos de esforços, os amigos, e a esperança em realizar um rico casamento — jogou tudo para o alto e ainda em fevereiro solicitou sua entrada no exército de campanha, sonhando com os louros imortais da glória e as dragonas de general. Dois meses após enviar seu pedido, recebeu uma interpelação através do comando, para que dissesse se solicitaria alguma ajuda do governo. Respondeu negativamente e continuou pacientemente a aguardar seu engajamento, embora o calor patriótico viesse arrefecendo sensivelmente nesses dois meses. Passados mais dois meses, recebeu nova interpelação para que respondesse se pertencia ou não a alguma loja maçônica e outras formalidades do gênero; após sua resposta negativa, obteve, por fim, passado o quinto mês, seu engajamento. Durante todo esse tempo, os seus amigos e, sobretudo um sentimento posterior de descontentamento com o novo que surge a cada mudança de situação, conseguiram convencê-lo de que havia feito uma tremenda besteira ao decidir ingressar no exército de campanha. Assim, ao se encontrar só, com azia e o rosto poeirento, na quinta estação, onde um correio que vinha de Sebastopol contou-lhe os horrores da guerra, e depois de esperar doze horas por cavalos — ele lamentou amargamente sua leviandade; pensou com um terror angustiado naquilo que o aguardava e prosseguiu inconsciente seu percurso, como se caminhasse para o sacrifício. Esse sentimento, ao longo dos três meses em que vagou de estação em estação, onde quase sempre teve de esperar e ouvir relatos horríveis de oficiais que voltavam de Sebastopol, não fez outra coisa senão crescer e, por fim, levou o pobre oficial a tal ponto de exasperação que, ao invés do herói pronto às ações mais temerárias, como havia se imaginado em P., eis que surgia em Duvánka como um lamentável covarde. Viajando desde o mês anterior com os jovens recém-saídos da escola de cadetes, tentava prosseguir o mais lentamente possível, considerando esses dias como os últimos da sua vida; a cada estação, instalava seu leito, sua adega, organizava partidas de *preference*, olhava os registros de reclamações para passar o tempo e se alegrava quando lhe recusavam cavalos.

Ele certamente teria sido um herói, se o houvessem transportado diretamente de P. para os bastiões, mas, agora, teria de atravessar muitos sofrimentos morais para vir a se tornar o homem calmo e paciente em seu trabalho e diante do perigo, que costumamos observar no oficial russo. Entusiasmo, já seria difícil renascer nele.

6.

— Quem pediu borche? — perguntou a dona do estabelecimento, uma mulher gorda e suja de uns quarenta anos, que entrava com um prato de *schi*[72] na mão.

A conversa cessou imediatamente e todos os que lá estavam dirigiram seu olhar à taberneira. O oficial que vinha de P. trocou uma piscadela com seu jovem companheiro, designando-a.

— Ah, foi Kozieltsov quem pediu — respondeu o jovem oficial. — Temos de acordá-lo. Venha, vamos jantar — disse, aproximando-se do rapaz que dormia no divã, tocando-lhe o ombro.

Um rapazinho de uns dezessete anos com olhos escuros ale-

[72] Sopa de repolho com carne.

gres e as faces coradas pulou vivamente do divã e, esfregando os olhos, parou no meio do cômodo.

— Ah, perdão — disse ele com timbre de voz metálico ao médico que sem querer empurrou, ao se levantar.

O tenente Kozieltsov reconheceu de imediato o irmão e aproximou-se.

— Não me reconheces? — perguntou, sorrindo.

— A-a-a! — gritou o cadete. — Que surpresa! — e pôs-se a beijar o irmão.

Beijaram-se três vezes, mas da terceira, hesitaram, como se pensassem ambos: por que é necessário que sejam três?

— Ah, que alegria! — disse o mais velho, examinando atentamente o irmão. — Vamos até o pátio conversar um pouco.

— Vamos, vamos, não quero borche... Coma você, Fiéderson — disse ao camarada.

— Mas você estava com fome.

— Não quero mais nada.

Uma vez no pátio, o cadete crivou seu irmão de perguntas: "Então, como vão as coisas, conte", e dizia-lhe todo o tempo como estava contente em vê-lo, mas ele próprio não contava nada.

Após uns cinco minutos, quando puderam silenciar um pouco, o tenente perguntou ao irmão por que ele não entrou para a guarda como os *nossos* esperavam.

— Ah, sim! — respondeu o cadete, enrubescendo por certa lembrança. — Foi um golpe para mim, eu não esperava que isso acontecesse. Imagina que justo antes da promoção, nós tínhamos ido fumar em três, sabe, num pequeno cômodo atrás do alojamento do porteiro, no teu tempo já existia, bem, imagina que o canalha do vigia nos viu e correu para avisar o oficial de serviço, no entanto muitas vezes tínhamos dado gorjeta a esse vigia. O oficial apareceu; logo que o vimos os outros jogaram fora os cigarros e saltaram pela porta lateral, eu não tive tempo e tive de ouvir as broncas. Eu não o deixei terminar, ele levou o caso ao inspetor e o negócio prosseguiu. Por isso me deram notas insuficientes em conduta, apesar de ter tido sempre notas excelentes; só em mecânica eu havia tirado doze, mas a coisa prosseguiu. Formei-me no exército. Depois, prometeram me transferir para a guarda, mas eu já não quis mais e pedi para vir à guerra.

— Não é possível!

— É verdade, te digo sinceramente, fiquei tão enojado que desejei partir o quanto antes a Sebastopol. E, além disso, se tudo correr bem, pode ser mais vantajoso que ficar na guarda: lá são necessários dez anos para chegar a coronel, enquanto que aqui, Totliében passou em dois anos de tenente-coronel a general. Mas se eu for morto, que fazer!

— Veja só, como tu estás! — disse o irmão sorrindo.

— O principal, sabe o que é, meu irmão — disse o cadete sorrindo e enrubescendo como se fosse dizer algo vergonhoso —, tudo isso é ninharia; o principal é que eu não posso em sã consciência continuar vivendo em Petersburgo, enquanto outros morrem aqui pela pátria. E eu também queria estar contigo — acrescentou de forma mais tímida.

— Como estás engraçado! — disse o irmão mais velho, tirando sua cigarreira sem o olhar. — Só é pena não ficarmos juntos.

— Dize a verdade, é mesmo terrível ficar nos bastiões? — perguntou de repente o irmão mais novo.

— No início, sim, mas logo tu te habituas, não é nada. Tu mesmo verás.

— E me diga: o que tu pensas, vão tomar Sebastopol? Eu acho que por nada isso vai acontecer.

— Deus é quem sabe.

— Só me chateia uma coisa, imagina que infelicidade: no caminho roubaram toda a nossa trouxa e lá estava a minha barretina,[73] de modo que estou agora em uma situação complicada, não sei como vou me apresentar. Tu sabes, agora temos novas barretinas, houve em geral muitas mudanças; sempre para me-

[73] Gorro de pele que os militares usavam na época.

lhor. Posso te contar sobre isso... Estive em toda parte em Moscou...

O segundo Kozieltsov, Vladímir, parecia-se muito com o irmão, Mikhail, ao menos tanto quanto uma rosa fresca que desabrocha pode parecer a uma rosa silvestre murcha. Tinha os cabelos igualmente castanhos, mas espessos e crespos sobre as têmporas; uma pequena mecha saltava sobre a nuca branca e delicada — sinal de felicidade, dizem as babás. A pele branca e macia de seu rosto não fixava o colorido rubro da juventude, este ali irrompia, traindo os movimentos de sua alma. Tinha os mesmos olhos do irmão, mas os seus eram mais abertos e luminosos, especialmente porque estavam frequentemente cobertos por uma leve umidade. Uma penugem castanha se insinuava sobre as faces e sob os lábios encarnados, que se entreabriam intermitentes em um sorriso tímido, descobrindo dentes de uma brancura reluzente. Esbelto, ombros largos, o capote desabotoado deixando entrever a camisa vermelha com a gola aberta, cigarro entre os dedos, apoiado ao corrimão da escada, com uma alegria ingênua no rosto e nos gestos; assim, de pé diante do irmão, era um rapaz tão agradável e belo, que não se poderia deixar de olhá-lo. Estava extremamente feliz por reencontrar o irmão, olhava-o com respeito e orgulho, imaginava-o um herói; entretanto, em certas coisas, sobretudo do ponto de vista da educação ilustrada, via o irmão como bastante desprovido por não falar francês e não frequentar a alta sociedade, dançar etc. — nesse aspecto sentia certa vergonha por ele, considerava-se superior e esperava mesmo poder lhe ensinar algo. O fato é que sofria ainda a influência de Petersburgo, da casa de certa senhora que amava os rapazes e que o tomava para si em seus dias livres, e da casa de um senador de Moscou onde uma vez dançara em um grande baile.

7.

Após conversarem à farta, alcançando, por fim, aquele sentimento que frequentemente se experimenta: o de não haver mais nada a dizer, apesar do amor de um pelo outro, os irmãos ficaram um longo tempo em silêncio.

— Bem, pegua as tuas coisas e vamos embora — disse o mais velho.

O jovem súbito enrubesceu e hesitou.

— Partir direto para Sebastopol? — perguntou após alguns minutos de silêncio.

— Sim, tu não tens muita bagagem, creio que nos arrumamos.

— Maravilha! Vamos já — disse o mais novo com um suspiro e se dirigiu à casa.

No entanto, deteve-se à soleira, baixou tristemente a cabeça e pensou: "Direto para Sebastopol, para o inferno — é terrível! Por outro lado, dá no mesmo, terei mesmo de ir, em algum momento. Ao menos estou com meu irmão..."

O fato é que somente agora, ante o pensamento de que uma vez subindo na charrete só descerá em Sebastopol e que nenhum imprevisto poderá retê-lo, apresentou-se-lhe claramente o perigo que havia buscado, e sentiu-se confuso e assustado com a sua iminência. Conseguindo acalmar-se de algum modo, entrou na sala; no entanto, passado um quarto de hora sem que retornasse ao encontro irmão, este por fim abriu a porta para chamá-lo. O jovem Kozieltsov, com a atitude de um escolar pego em falta, conversava com o oficial da cidade de P. Assim que o irmão entrou, desnorteou-se.

— Já vou, já estou indo! — disse, acenando. — Espera um pouco aí.

Após um instante, ele de fato saiu e se aproximou do irmão com um profundo suspiro.

— Imagina, eu não posso partir contigo, meu irmão — disse.

— Como assim? Que besteira é essa?

— Vou te contar a verdade, Micha! Nós não temos dinheiro, nenhum de nós, e estamos devendo a esse capitão de P. É vergonhoso!

O irmão mais velho franziu o cenho e se manteve um tempo em silêncio.

— Tu deves muito? — perguntou, olhando-o de soslaio.

— Muito... não, não muito; mas isso me envergonha: em três estações ele pagou por mim, e todo o seu açúcar se foi... eu não sei... e também jogamos *preference*... fiquei lhe devendo um pouco.

— Isso é ruim, Volódia![74] E o que tu farias se não me encontrasses? — disse severamente, sem olhar o irmão.

— Eu esperava pagar em Sebastopol, meu irmão, quando recebesse o abono de transferência. É possível fazer isso; é melhor que eu parta com ele amanhã.

O irmão mais velho puxou a bolsa e com os dedos um pouco trêmulos tirou de lá duas notas de dez rublos e uma de três.

— Aqui está o meu dinheiro — disse ele. — Quanto tu deves?

Ao dizer que isso era tudo o que tinha, Kozieltsov não disse a verdade toda: ele possuía ainda quatro moedas de ouro na manga, reservadas para alguma eventualidade, e havia jurado a si mesmo não tocar nelas.

No entanto, o segundo Kozieltsov ficara devendo ao oficial de P. pelo jogo *preference* e pelo açúcar apenas oito rublos. O mais velho pagou, mas fez-lhe a observação de que quando não se tem dinheiro, não se deve jogar *preference*.

— Com que dinheiro tu jogaste?

O irmão mais novo não respondeu. Essa questão lhe pareceu pôr em dúvida sua honestidade. O aborrecimento consigo mesmo, a vergonha por uma conduta que pôde levar a tal desconfiança e a ofensa que lhe fez o irmão que tanto amava causaram em sua natureza impressionável uma sensação tão dolorosa e violenta que não respondeu, sentindo que não seria capaz de

[74] Diminutivo de Vladímir.

reprimir as lágrimas que lhe sufocavam. Sem olhar, pegou o dinheiro e foi ao encontro dos companheiros.

8.

Nikoláiev, após o reforço de dois goles de vodca comprados de um soldado sobre a ponte de Divánka, agitou as rédeas e a charrete partiu sacolejando sobre as pedras por um caminho sombreado que conduzia de Belbek a Sebastopol, enquanto os irmãos, as pernas se chocando pelos solavancos, mantinham-se obstinadamente calados, embora não cessassem de pensar a todo instante um no outro.

"Por que ele me ofendeu?", pensava o mais moço, "Não poderia ter evitado falar desse assunto? É como se ele me tomasse por um ladrão; e agora está furioso, parece, e estamos separados para sempre. E como poderemos ficar bem, os dois, em Sebastopol? Dois irmãos bem unidos, combatem juntos o inimigo; um já mais velho, não muito instruído, mas um bravo guerreiro, e o outro, jovem, mas também um bravo... Em uma semana vou mostrar a todos que não sou nenhum jovenzinho! Vou deixar de enrubescer, meu rosto terá mais virilidade, meus bigodes não são grandes, mas crescerão bem nesse tempo", e puxou a penugem ao redor da boca. "Certamente chegaremos hoje e seremos imediatamente engajados em alguma ação, meu irmão e eu. Ele deve ser obstinado e muito valente, desses que não falam muito, mas agem melhor do que os outros. Eu gostaria de saber se é de propósito ou não que ele me espreme no canto da charrete. Ele deve saber que me incomoda e finge que não percebe nada. Então, nós chegamos hoje", continuava a refletir, espremido no canto da charrete e temendo mover-se para não dar a notar ao irmão que se incomodava, "e, de repente, cairemos direto nos bastiões: eu com minhas armas e ele com o batalhão... e iremos juntos. De repente, os franceses caem sobre nós. Eu atiro e atiro: mato um monte deles; eles correm direto para mim. Não posso mais atirar, não tenho mais salvação; de repente, meu irmão se atira à frente, o sabre levantado, eu apanho um fuzil e, juntos, nos precipitamos com os soldados. Os franceses atiram-se sobre meu irmão. Eu corro, mato um francês, outro e salvo meu irmão. Sou ferido no braço, tomo o fuzil de outro e saio correndo; meu irmão é morto por uma bala atrás de mim. Eu paro um instante, olho para ele com imensa tristeza, me ergo e grito: 'Sigam-me! Vinguemos! Eu amava meu irmão mais que tudo no mundo — eu digo — e o perdi. Vinguemos, destruamos o inimigo ou morramos aqui mesmo!'. Todos gritam e lançam-se atrás de mim. E surge todo o exército francês e o próprio Pélissier.[75] Nós os aniquilamos todos; sou ferido outra vez, uma terceira vez, e tombo à beira da morte. Todos correm para mim, Gortchakov chega e me pergunta o que desejo. Eu digo que não desejo nada, apenas que me coloquem ao lado do meu irmão, quero morrer perto dele. Depositam-me ao lado do seu corpo ensanguentado. Eu me soergo e digo apenas: 'Vocês não souberam dar valor a dois homens que amavam verdadeiramente a pátria; agora ambos tombaram... que Deus os perdoe!', e morro".

Quem pode saber em que medida esses sonhos poderão se realizar!

— Tu já tomaste parte em alguma escaramuça? — perguntou, de repente, ao irmão, completamente esquecido de que não queria falar com ele.

— Não, nem uma vez — respondeu o mais velho — nós perdemos dois mil homens do nosso regimento, sempre em trabalhos; e eu fui ferido também em trabalho. Guerra não se faz assim como tu pensas, Volódia!

Esse "Volódia" emocionou o irmão mais novo; quis se explicar com o irmão, o qual absolutamente não imaginava tê-lo ofendido.

---

[75] Aimable Jean Jacques Pélissier (1794–1864), militar francês, que se destacou em campanhas na Argélia e na guerra da Crimeia.

— Tu não estás zangado comigo, Micha? — disse, após alguns minutos em silêncio.

— E por quê?

— Nada. Pelo que houve conosco. Tá, não é nada.

— Nem um pouco — respondeu o mais velho, virando-se para ele e dando um tapinha em sua perna.

— Tu me perdoas, Micha, se te causei desgosto.

E o irmão mais novo virou-se para esconder as lágrimas que começavam a brotar nos olhos.

9.

— Será que já é Sebastopol? — perguntou o irmão mais novo após subirem uma montanha, ao ver descortinar a sua frente a baía salpicada de mastros de navios, o mar com a frota inimiga ao longe, as baterias brancas da costa, as casernas, os aquedutos, as docas e os prédios da cidade, as nuvens de fumaça brancas e lilases que se elevavam ininterruptas pelas colinas amarelas que cercavam a cidade e pairavam no céu azul, refletindo os raios róseos do sol, cujo clarão mergulhava já no horizonte sombrio do mar.

Volódia avistou sem o menor arrepio esse lugar terrível, em que tanto havia pensado; ao contrário, foi com deleite estético e sentimento heroico de autossuficiência, percebendo que em meia hora estaria lá, que observou esse espetáculo de fato fascinante e original, e manteve atenção concentrada até o momento da chegada a Siévernaia, ao comboio do regimento do irmão, onde deveriam se informar sobre a exata posição do regimento e da bateria.

O oficial, preposto do comboio, vivia perto de um local chamado *nova cidadela* — um conjunto de barracas de tábua construídas pelas famílias dos marinheiros — em uma tenda que se comunicava a uma barraca bastante grande, feita de ramos verdes de carvalho trançados, que ainda não haviam secado de todo.

Os irmãos surpreenderam o oficial diante de uma mesa dobrável, sobre a qual havia um copo de chá frio com cinzas de cigarro e uma bandeja com vodca e migalhas de pão seco e caviar. Vestindo uma camisa amarelada e suja, contava uma enorme pilha de papel moeda com o auxílio de um grande ábaco. Mas antes de falar sobre a personalidade do oficial e a conversa que tiveram, é preciso examinar mais atentamente o interior de sua barraca e conhecer, ainda que um pouco, o seu modo de vida e as suas ocupações. A nova barraca era tão grande, resistente e confortável com mesas e bancos de vime trançado, como só se constrói para generais e comandantes de regimentos; as laterais e o teto, para impedir que as folhas caíssem, estavam cobertos por três tapetes monstruosos, mas novos e certamente caros. Sob o tapete principal com a imagem estampada de uma amazona, havia uma cama de ferro com uma coberta de pelúcia de um vermelho vivo, uma almofada de couro rasgado e sujo e uma peliça de guaxinim. Sobre a mesa havia um espelho em moldura de prata, uma escova também de prata extremamente suja, um pente de chifre quebrado, repleto de cabelo engordurado, um candelabro de prata, uma garrafa de licor com um grande rótulo vermelho e dourado, um relógio de ouro com a imagem de Pedro I,[76] dois anéis de ouro, uma caixinha com algumas cápsulas, casca de pão, velhos mapas jogados e garrafas de Porto cheias e vazias sob a cama. O oficial era encarregado do transporte do regimento e dos suprimentos dos cavalos. Morava com ele seu maior amigo, um comissário que também se ocupava de diversas operações. Este dormia na tenda, na hora que os irmãos entraram e o oficial do comboio fazia as contas dos fundos públicos para o fim de mês. O oficial tinha uma bela aparência e um ar marcial: alto, grandes bigodes, uma corpulência distinta.

[76] Pedro I ou Pedro, o Grande (1672–1725), tzar russo. Seu maior feito foi a fundação da capital imperial São Petersburgo, bem como toda uma série de reformas modernizantes.

O que havia de desagradável nele era apenas uma espécie de inchaço e transpiração por todo o rosto, onde quase desapareciam seus pequenos olhos cinzentos (como se todo ele transbordasse Porto), e uma extraordinária falta de asseio — dos cabelos ralos e gordurosos até os pés grandes e nus em chinelos de arminho.

— Dinheiro, dinheiro! — disse o Kozieltsov mais velho ao entrar na barraca e lançar involuntariamente um olhar de cobiça sobre a pilha de papel moeda. — Você poderia me emprestar a metade, Vassíli Mikháilitch!

O oficial do comboio, como se houvesse sido flagrado roubando, encolheu-se à vista dos visitantes, juntou o dinheiro e saudou-os sem se levantar.

— Ah, se fosse meu... É dinheiro público, paizinho! Quem é esse com você? — disse, escondendo o dinheiro num cofre perto dele, sem tirar os olhos de Volódia.

— É meu irmão, veio do corpo de cadetes. E nós passamos para saber de você onde está o regimento.

— Sentem-se senhores — disse ele levantando-se e saindo para a tenda sem dar maior atenção aos visitantes. — Você não quer beber algo? Porto, talvez? — disse ele de lá.

— Não se preocupe, Vassíli Mikháilitch!

Volódia ficou impressionado com a grandiosidade do oficial, seu ar negligente e o respeito com que seu irmão se dirigiu a ele.

“Deve ser um oficial dos melhores, respeitado por todos; simples, muito valente e hospitaleiro”, pensou ele, sentando-se modesta e timidamente no divã.

— Então, onde está o nosso regimento? — perguntou o irmão mais velho através da tenda.

— O quê?

Ele repetiu a pergunta.

— Hoje Zeifer esteve aqui: contou que se transferiram ontem para o quinto bastião.

— É certo isso?

— Se estou dizendo é porque é certo; aliás, o diabo é quem

sabe! Para ele mentir não custa nada. Então, vai tomar um Porto? — disse o oficial ainda da tenda.

— Aceito, vou tomar — respondeu Kozieltsov.

— E você, bebe, Óssip Ignátitch? — prosseguiu a voz na tenda, dirigindo-se sem dúvida ao comissário que dormia. — Basta de dormir: já são oito horas.

— Como você me provoca, não estou dormindo — respondeu uma vozinha fina e indolente, velarizando a pronúncia do *r*.

— Vamos, levante-se: sem você eu fico entediado.

E o oficial retornou para junto dos visitantes.

— Traga um Porto. De Simferopol! — gritou.

A ordenança, com uma expressão de orgulho no rosto, assim pareceu a Volódia, entrou na barraca e apanhou uma garrafa que estava por trás do oficial, chegando a empurrá-lo.

— Pois é, paizinho — disse o oficial, enquanto enchia os copos —, agora temos um novo comandante no regimento. É preciso dinheiro, prover a todos.

— Ah, esse me parece especial, da nova geração — disse Kozieltsov pegando o copo com cortesia.

— Sim, da nova geração! E certamente é um avarento. O batalhão bem comandava aquele que mais gritava; mas agora a canção é outra. Não dá, paizinho.

— É isso.

O irmão mais novo não entendia nada da conversa, mas sentia vagamente que seu irmão não falava o que pensava; talvez o fizesse por estar bebendo o Porto desse oficial.

A garrafa de Porto estava já vazia e a conversa prosseguia havia bastante tempo naquele mesmo tom, quando os panos da tenda se abriram e surgiu um homem vivaz e não muito alto, vestindo um roupão de cetim azul com faixa e um boné de borda vermelha com ornamento. Entrou alisando seus bigodinhos pretos e, olhando para algum ponto dos tapetes, respondeu à saudação dos oficiais com um movimento quase imperceptível dos ombros.

— Dê-me, vou tomar um copinho! — disse ele, sentando-se à mesa. — Então, você vem de Petersburgo, meu jovem? — dirigiu-se gentilmente a Volódia.

— Sim, vou para Sebastopol.

— Você mesmo solicitou?

— Sim.

— Que prazer vocês veem nisso, senhores, eu não entendo! — continuou o comissário. — Eu voltaria a pé para Petersburgo, se me deixassem partir. Estou cheio dessa vida de cachorro!

— O que o desagrada tanto aqui? — perguntou o Kozieltsov mais velho. — Sua vida aqui não é tão ruim!

O comissário olhou para ele e virou-se.

— O perigo ("de que perigo ele fala, vivendo aqui em Siévernaia", pensou Kozieltsov), as privações, não chegar a lugar nenhum — continuou, dirigindo-se sempre a Volódia. — Que prazer vocês veem nisso, eu decididamente não entendo, senhores! Se ainda pudessem tirar algum proveito, mas não. É bom, na sua idade, de repente ficar aleijado para o resto da vida?

— Há os que tiram proveito, e há os que servem pela honra! — interveio novamente Kozieltsov mais velho em tom aborrecido.

— O que é a honra, quando não se tem nada! — disse o comissário com um riso de desdém, dirigindo-se ao oficial do comboio, que também ria. — Dê corda na "Lucie"[77], vamos ouvir, eu adoro... — disse, apontando para uma caixinha de música.

— É mesmo boa pessoa esse Vassíli Mikháilitch? — perguntou Volódia ao irmão depois que saíram da barraca, ao crepúsculo, já a caminho de Sebastopol.

— Sim, só que é um tratante avarento, daqueles! Ele ganha, por baixo, trezentos rublos por mês! E vive como um porco, tu viste. Mas esse comissário, não posso nem ver, um dia desses ainda vou pegá-lo. Essa canalha retirou da Turquia mais de doze mil rublos... — E Kozieltsov pôs-se a divagar sobre a concussão,

---

[77] *Lucia di Lammermoor*, ópera de Gaetano Donizetti.

um pouco (a bem da verdade) com essa cólera do homem que condena a concussão menos porque é um mal, e mais porque se enfurece ao ver pessoas tirando proveito da situação.

10.

Não que Volódia estivesse de mau humor quando, já quase noite, aproximaram-se da grande ponte que atravessava a baía, mas sentia uma espécie de peso no coração. Tudo o que vira e ouvira tinha tão pouco a ver com suas impressões de um passado recente: a grande sala de exames iluminada e atapetada, as vozes alegres e boas e o riso dos companheiros, o uniforme novo, o amado tsar que durante sete anos se acostumara a ver e que se despediu deles com lágrimas nos olhos, chamando-os de seus filhos — tudo o que vivia agora tinha tão pouco a ver com os seus sonhos belos, alegres e generosos.

— Bem, chegamos! — disse o irmão mais velho ao chegarem à bateria de Mikhail e descerem da charrete. — Se nos deixarem atravessar a ponte, logo estaremos nas casernas de Nikolái. Tu ficas lá até o amanhecer e eu vou ao regimento saber onde se encontra tua bateria; amanhã venho te encontrar.

— Por quê? É melhor irmos juntos — disse Volódia. — Eu vou contigo ao bastião. De qualquer forma tenho que me acostumar. Se tu vais, eu também posso ir.

— É melhor não ir.

— Ah, por favor, ao menos eu vou saber o que...

— Eu te aconselho a não ir, mas...

O céu estava limpo e escuro; as estrelas e os fogos das bombas e disparos moviam-se sem cessar e reluziam vivamente em meio às trevas. Percebia-se na obscuridade o grande prédio branco da bateria e o início da ponte. Literalmente a cada segundo, tiros de canhão ou explosões, seguindo-se a intervalos bem próximos ou se produzindo conjuntamente, cada vez mais violentos e mais regulares, abalavam o ar. Em meio a esse estrépito, como que para acompanhá-lo, ouvia-se o rumor sombrio da baía. Do mar soprava uma brisa, e um odor de umidade. Os irmãos aproximaram-se da ponte. Um voluntário, segurando desajeitadamente uma arma, gritou:

— Quem vem lá?

— Soldado!

— Proibido passar!

— Como assim! É preciso.

— Peça ao oficial.

O oficial, que cochilava sobre uma âncora, levantou-se e deu a permissão.

— Podem passar, mas não podem retornar. Para onde pensam que vão, todos de uma vez! — gritou para um comboio regimentar repleto de gabiões, que se apressava à cabeceira da ponte.

Atingindo o primeiro pontão, os irmãos cruzaram com dois soldados que vinham da outra margem, conversando em voz alta.

— Se ele recebeu os equipamentos, significa que assumiu as contas integralmente, então...

— Ah, meu irmão! — disse a segunda voz. — Quando você passar para Siévernaia vai ver a luz, só Deus! A atmosfera é totalmente outra.

— Conte outra! — disse o primeiro. — Um dia desses uma maldita bomba caiu justamente lá e arrancou as pernas de dois marinheiros; portanto, é melhor não falar.

Os irmãos ultrapassaram o primeiro pontão, esperaram passar um comboio e pararam no segundo, que já estava um pouco submerso. O vento, que no campo parecia fraco, aqui era terrivelmente forte e impetuoso; a ponte balançava e as ondas, batendo ruidosamente nas vigas, quebravam-se sobre as âncoras e cabos, inundando as pranchas. À direita, rugia o mar negro, brumoso e hostil, limitado por uma linha escura e regular até o infinito na confluência com o horizonte estrelado, de fulgurações acinzentadas; ao longe, em algum lugar, brilhavam os fogos da frota inimiga. À esquerda, avistava-se a massa escura de um dos nossos navios e ouvia-se a batida das ondas contra seu bordo; percebia-se um vapor que vinha de Siévernaia, rápido e barulhento. A explosão de uma bomba nas redondezas iluminou por um instante os gabiões amontoados no convés, os dois homens em pé sobre eles, a espuma branca e os respingos de água esverdeada que se levantavam à travessia do vapor. Na extremidade da ponte, um sujeito em mangas de camisa ocupava-se com algum reparo, sentado com as pernas na água. À frente, sobre Sebastopol, viam-se aqueles mesmos fogos passarem, cada vez mais violentos, chegando a terríveis detonações. O choque de uma onda invadiu o lado direito da ponte e alcançou os pés de Volódia; dois soldados passaram por eles, chutando a água com os pés. Algo, de repente, com estrondo iluminou a ponte à frente deles, o comboio que os havia ultrapassado e um homem a cavalo. Estilhaços de bomba caíram silvando na água, levantando respingos.

— Ei, Mikhail Siemiónitch! — disse o cavaleiro, detendo seu cavalo diante do Kozieltsov mais velho — Já se recuperou?

— Como pode ver. Aonde Deus o leva?

— A Siévernaia, atrás de cartuchos: estou substituindo o ajudante de ordens do regimento... aguardamos um ataque a qualquer momento e não temos mais que cinco cartuchos por cartucheira. Excelente organização!

— Onde está Mártsov?

— Perdeu a perna ontem... está na cidade, deitado... você deve encontrá-lo no posto de socorro.

— O regimento está no quinto, certo?

— Sim, substituíram o regimento de M... Vá ao posto de socorro, muitos dos nossos estão lá, vão te conduzir.

— Sim, e o meu pequeno apartamento em Morskáia, está intacto?

— Ih, paizinho! Faz tempo as bombas arrasaram tudo. Você não vai reconhecer Sebastopol; não há mais mulher nenhuma, nem taberna, nem música; ontem evacuaram o último estabelecimento. Agora está muito triste... Adeus!

E o oficial seguiu adiante a trote.

Volódia de repente foi tomado por um medo terrível: parecia-lhe sempre que as balas e os estilhaços das bombas voavam em sua direção e cairiam sobre a sua cabeça. Essa obscuridade úmida, esses ruídos, sobretudo o rumor impertinente das ondas — parecia que tudo lhe dizia para não prosseguir, que nada de bom o aguardava aqui, que seus pés nunca mais pisariam a terra russa se atravessasse a baía, que retornasse agora e corresse para algum lugar o mais longe possível desse terrível local de morte. "Mas talvez já seja tarde, já esteja tudo decidido", pensou, arrepiando-se em parte por esse pensamento, em parte porque a água penetrava em suas botas e molhava seus pés.

Volódia suspirou profundamente e afastou-se um pouco do irmão.

— Senhor! Será que serei morto, justamente eu? Senhor, tem piedade de mim! — dizia, murmurando e persignando-se.

— Vamos, Volódia — disse o irmão mais velho, no momento em que passava uma carroça. — Tu viste a bomba?

Os irmãos cruzaram na ponte com várias carroças contendo feridos, gabiões, uma delas com móveis, conduzida por uma mulher. Na outra margem, ninguém os deteve.

Espremendo-se instintivamente contra o muro da bateria de Nikolái, os dois irmãos, em silêncio, ouvindo com atenção os ruídos das bombas que explodiam acima de suas cabeças e o ronco dos estilhaços que tombavam do alto, chegaram a um local da bateria em que havia um vulto. Lá, vieram a saber que a quinta bateria ligeira, a que Volódia se engajaria, estava em Korabiélnaia e decidiram, então, apesar do perigo, seguir juntos e passar a noite no quinto bastião, saindo de lá ao amanhecer ao encontro da bateria. Entrando por um corredor, saltando sobre as pernas dos soldados adormecidos, estendidos ao longo de todo o muro, chegaram por fim ao posto de socorro.

11.

Ao entrarem no primeiro cômodo, rodeado de macas com feridos e impregnado pelo odor pesado e repugnante de hospital, avistaram duas enfermeiras caridosas, que caminhavam em sua direção.

Uma das mulheres, de seus cinquenta anos, olhos escuros e expressão severa, trazia bandagens e dava ordens a um rapazinho, oficial de saúde, que a seguia; a outra, moça muito bonita de uns vinte anos, loira, com o rostinho pálido e meigo e leve aflição no olhar sob a touca branca que envolvia seu rosto, caminhava de olhos baixos, as mãos nos bolsos de seu avental, junto da mais velha e parecia temer atrasar-se.

Kozieltsov perguntou-lhes se não sabiam onde estava Mártsov, que havia perdido uma perna na véspera.

— É do regimento de P.? — indagou a mais velha. — É seu parente?

— Não. Companheiro.

— Hum! Acompanhe esses senhores — disse em francês para a mais jovem. — É por ali — e se aproximou de um ferido, com o oficial de saúde.

— Vamos, o que estás olhando! — disse Kozieltsov a Volódia que, com uma expressão dolorosa, as sobrancelhas erguidas, contemplava os feridos sem conseguir desviar o olhar. — Vamos.

Volódia seguiu o irmão, mas continuava a olhar e inconscientemente repetia:

— Ah, meu Deus! Ah, meu Deus!

— Ele está há pouco tempo aqui? — perguntou a enfermeira a Kozieltsov, apontando para Volódia, que os seguia entre ais e suspiros pelo corredor.

— Acabou de chegar.

A bela enfermeira olhou para Volódia e, súbito, começou a chorar.

— Deus meu, Deus meu! Quando tudo isso vai acabar! — disse ela com desespero.

Entraram na sala dos oficiais. Mártsov estava estendido sobre as costas com os braços musculosos e nus até o cotovelo atrás da cabeça; a expressão de seu rosto amarelento parecia a de um homem que cerra os dentes para não gritar de dor. Sua perna saudável, vestida com uma meia, mostrava-se pela coberta e notava-se os movimentos convulsivos dos seus dedos do pé.

— E então, como está? — perguntou a enfermeira levantando a cabeça levemente calva do ferido e arrumando o travesseiro com seus dedos finos e carinhosos, em um dos quais Volódia notou um anel de ouro. — Seus companheiros vieram vê-lo.

— Veja bem, estou sofrendo — disse com irritação. — Deixem-me, estou bem! — e os dedos sob a meia mexeram-se ainda mais rápido. — Olá! Como você se chama? Perdão — disse, dirigindo-se a Kozieltsov —, ah, sim, desculpe, a gente esquece tudo — acrescentou, depois que este disse o seu nome. — Sim, nós moramos juntos — disse ainda sem demonstrar nenhuma satisfação e olhando interrogativamente para Volódia.

— É meu irmão, acabou de chegar de Petersburgo.

— Hum! E eu encerrei a carreira — disse ele, contraindo-se. — Ah, que dor!... Teria sido melhor um fim mais rápido.

Agitou a perna e, soltando um urro, cobriu o rosto com as mãos.

— É melhor deixá-lo — disse baixinho a enfermeira, com lágrimas nos olhos —, ele está mal.

Os irmãos haviam decidido ainda em Siévernaia seguirem juntos ao quinto bastião; mas, ao saírem da bateria de Nikolái, como se tivessem combinado não se exporem em vão ao perigo, decidiram, sem trocar palavra sobre o assunto, que cada um seguiria seu caminho.

— Mas como vais encontrar o caminho, Volódia? — perguntou o mais velho. — Pensando bem, Nikoláiev pode te conduzir até Korabiélnaia; eu prossigo só e amanhã te encontro.

Nada mais foi dito nessa última despedida entre os dois irmãos.

12.

A trovoada de canhões continuava com a mesma violência, mas a rua Ekaterínskaia, por onde seguia Volódia acompanhado por um Nikoláiev silencioso, estava deserta e calma. Na escuridão, o rapaz só distinguia a larga rua ladeada por muros brancos de grandes casas, muitas delas destruídas, e as pedras do calçamento sob seus pés; às vezes, cruzava com soldados e oficiais. Atravessando para o lado esquerdo da rua, próximo ao almirantado, sob o clarão de um fogo aceso por detrás de um muro, percebeu um longo caminho de acácias de hastes verdes e tristes folhagens cobertas de poeira. Escutava claramente o som de seus passos e os de Nikoláiev, que respirava pesadamente atrás dele. Não pensava em nada: a bela enfermeira bondosa, a perna de Mártsov com os dedos se remexendo dentro da meia, a escuridão, as bombas e diversas imagens da morte atravessavam confusamente sua imaginação. Toda a sua jovem alma impressionável se comprimia, dolente, em face da consciência da sua solidão e da indiferença de todos à sua sorte num instante como esse, em que o perigo o ameaçava. "Serei morto, martirizado, vou sofrer, e ninguém vai chorar!" E era isso em vez daquela energia ativa, daquela vida heroica com que tanto havia sonhado. As bombas silvavam e explodiam cada vez mais perto, Nikoláiev respirava mais amiúde e não rompia o silêncio. Depois de atravessarem a ponte que levava a Korabiélnaia, Volódia percebeu algo passar silvando não longe dele em direção à baía; em segundos uma luz rubra clareou as ondas lilases, desapareceu, e logo se levantou em jorros de água.

— Viste, não rebentou! — disse Nikoláiev.

— Sim — respondeu o jovem involuntariamente, e surpreendeu-se com a voz fininha que emitiu.

A caminho, encontraram maqueiros com feridos e comboios de regimentos com gabiões; cruzaram com um regimento que vinha de Korabiélnaia; passaram cavaleiros e, dentre estes, um oficial acompanhado de um cossaco. O oficial seguia a trote, mas ao ver Volódia deteve o cavalo, aproximou-se, observou-o, depois voltou-se, chicoteou o animal e continuou seu caminho. "Só, estou só! Para os outros dá no mesmo se eu existo ou não no mundo", pensou com horror o pobre rapaz, e esteve seriamente prestes a chorar.

Depois de subir uma colina ladeada por um muro branco, penetrou em uma rua com pequenas casas arruinadas, incessantemente iluminadas pelas bombas. Uma mulher bêbada e desnorteada, ao sair de uma cancela com um marinheiro, deu-lhe um encontrão.

— O que... se é um nobre — murmurou ela —, *pardon*, Vossa Nobreza oficial!

O pobre jovem sentia o coração mais e mais dorido; mais e mais relâmpagos se incendiavam no horizonte escuro e as bombas silvavam mais e mais constantes e explodiam ao redor dele. Nikoláiev deu um profundo suspiro e se pôs a falar com uma voz que pareceu a Volódia tumular.

— Todos se apressam para deixar a província. Partir, partir. Correr para onde! Enquanto que os inteligentes com uma feridinha à-toa vivem no *hochpital*. Está bom assim, melhor não pode ser.

— Mas que fazer, se meu irmão já está com saúde — respondeu Volódia, esperando que a conversa afastasse os pensamentos que o dominavam.

— Saúde! Qual saúde, está é doente! Quais que têm saúde de verdade, se não aqueles inteligentes que vivem no *hochpital* nesse tempo. E aqui o que é alegria? Uma perna, um braço arrancado, e é tudo! Não demora o pecado! E isso aqui, na cidade, e não é o *bassião*, lá é uma desgraça. Vão marchando, vão rezando. Viste a besta, que passa e *dzinnbesta*! — acrescentou ele, voltando a atenção para um zumbido próximo de estilhaços. — E nessa horinha é que manda levar Vossa Nobreza. O negócio é assim: manda, tem que cumprir; pior, a carroça ficou com um soldadinho aí e a bagagem se rompeu. Vá, vá; mas se perder alguma coisa, é Nikoláiev.

Após caminharem alguns passos, deram numa praça. Nikoláiev silenciou e suspirou.

— Sua *antilharia* está aí, Vossa Nobreza! — disse ele, de repente. — Pergunte à sentinela, ele te mostra — e Volódia, avançando alguns passos, deixou de ouvir atrás de si os suspiros de Nikoláiev.

Sentiu-se desde então completa e definitivamente só. Essa consciência da solidão em face do perigo, frente à morte, pensava, era como uma pedra terrivelmente pesada e fria sobre seu coração. Deteve-se no meio da praça, olhou em volta para ver se havia alguém, pôs a cabeça entre as mãos e com horror murmurou e pensou: "Senhor! Serei eu covarde, infame, vil, um covarde ignóbil? Eu, que há pouco tempo sonhava com alegria em morrer pela pátria e pelo tsar, não poderei morrer honradamente? Não! Sou uma criatura lastimável e infeliz!". E Volódia, com sincero desespero e grande desencantamento consigo mesmo, perguntou à sentinela onde ficava a casa do comandante da bateria, e seguiu na direção indicada.

13.

O alojamento do comandante da bateria, que lhe havia indicado a sentinela, constituía-se de uma casa pequena de dois andares, com entrada pelo pátio. Em uma das janelas, fechada com auxílio de papel, brilhava a luz fraca de uma vela. Uma ordenança fumava no pátio seu cachimbo. Foi prevenir o comandante e introduziu Volódia. No cômodo, entre duas janelas, sob um espelho quebrado, havia uma mesa repleta de papéis oficiais, algumas cadeiras e uma cama de ferro com lençóis limpos e um tapetinho ao lado.

Em pé, perto da porta, estava o primeiro-sargento — um belo homem com grandes bigodes, de cinturão e capote, do qual pendia uma cruz e uma medalha da Hungria. No meio do cômodo, andava para lá e para cá um oficial do estado-maior, não muito alto, de uns quarenta anos, com atadura e inchaço em uma das faces, vestindo um capote velho de tecido fino.

— Tenho a honra de me apresentar, enviado à quinta bateria ligeira, sargento-mor Kozieltsov segundo — recitou Volódia a frase decorada, ao entrar no cômodo.

O comandante respondeu secamente à saudação e, sem estender a mão, pediu que se sentasse.

Volódia deixou-se cair timidamente na cadeira ao lado da escrivaninha e pôs-se a girar entre os dedos uma tesoura que lhe caíra nas mãos. O comandante, com as mãos às costas e a cabeça baixa, vez por outra olhava para os dedos que giravam a tesoura e continuava a andar pelo cômodo em silêncio, com ar de alguém que tenta se lembrar de algo.

O comandante era um homem bastante gordo, com uma grande calvície no alto do crânio, espessos bigodes que escondiam a boca e olhos marrons grandes e agradáveis. Tinha bonitas mãos, limpas e roliças, pés que pisavam com segurança e certa elegância, indicando que não era um homem acanhado.

— Sim — disse, detendo-se em frente ao primeiro-sargento —, será necessário, a partir de amanhã, acrescentar uma caixinha à forragem, esses nossos cavalos estão muito magros, o que você acha?

— Sim, pode-se acrescentar, Vossa Excelência! A aveia agora está um pouco mais barata — respondeu o primeiro-sargento agitando os dedos das mãos, que mantinha sobre a costura do paletó e que claramente gostavam de acompanhar a conversa com gestos. — E há ainda o forrageiro, o nosso Franschuk, que ontem me enviou um bilhete pelo comboio, Vossa Excelência, dizia que é imprescindível comprar um eixo, diz que está barato, poderia dar a ordem?

— Pois que compre: ele tem dinheiro para isso — e o comandante voltou a caminhar pelo cômodo. — Onde estão suas coisas? — perguntou subitamente a Volódia, detendo-se a sua frente.

O pobre Volódia estava tão dominado pelo pensamento de

ser um covarde, que encontrava em cada olhar e em cada palavra desprezo para consigo, como a um lamentável covarde. Parecia-lhe que o comandante da bateria já havia penetrado seu segredo e que zombava dele. Respondeu, confuso, que suas coisas estavam em Gráfskaia e que o irmão prometera enviá-las no dia seguinte.

Mas o comandante não o escutou até o fim e, virando-se para o primeiro-sargento, perguntou:

— Onde vamos alojar o sargento-mor?

— O sargento-mor? — disse o suboficial, confundindo ainda mais Volódia, ao lhe lançar um olhar furtivo como se dissesse: "E ainda esse sargento, vale a pena alojá-lo?".

— Lá embaixo, Vossa Excelência. Vossa Nobreza pode se instalar no quarto do capitão — continuou, refletindo um pouco. — O segundo-capitão está agora no bastião, portanto seu leito está vazio.

— Muito bem, não quer se alojar? — disse o comandante. — Você deve estar cansado, amanhã o alojaremos melhor

Volódia se levantou e fez uma reverência.

— Não quer chá? — disse o comandante, quando Volódia já se aproximava da porta. — Mando levar o samovar.

Valódia inclinou-se e saiu. A ordenança do coronel conduziu-o para baixo e o introduziu em uma peça nua e suja, com vários cacarecos jogados e uma cama de ferro sem lençóis nem coberta. Sobre a cama, coberto por um grosso capote, dormia um homem de camisa rosa.

Volódia o tomou por um soldado.

— Piótr Nikoláievitch! — chamou a ordenança, sacudindo pelo ombro o adormecido. — O tenente vai se deitar aqui... É nosso *junker* — acrescentou, dirigindo-se a Volódia.

— Ah, não o incomode, por favor! — disse Volódia.

Mas o *junker*, um jovem alto e forte, de fisionomia bela, mas completamente estúpida, levantou-se da cama, vestiu o capote e, ainda com sono, se retirou do cômodo.

— Tudo bem, eu me deito no pátio — murmurou ele.

14.

Ao ficar a sós com seus pensamentos, o primeiro sentimento de Volódia foi o de repugnância àquele estado de confusão e desolação em que havia mergulhado sua alma. Quis dormir e esquecer tudo em volta, principalmente a si mesmo. Apagou a vela, deitou-se na cama e, tirando o capote, cobriu-se com ele até a cabeça para livrar-se do medo da escuridão, que o assaltava desde a infância. Mas, de repente, veio-lhe o pensamento de que uma bomba poderia cair sobre o telhado e matá-lo. Pôs-se a escutar com atenção; escutava os passos do comandante sobre a sua cabeça.

"Aliás, se vier", pensava ele, "cairá antes no andar de cima, só depois em mim; pelo menos não estou sozinho nessa". Esse pensamento tranquilizou-o um pouco; começou a adormecer. "E se durante a noite tomam Sebastopol e os franceses irrompem aqui? Como vou me defender?" Levantou-se e pôs-se a andar pelo cômodo. O medo de um perigo real vencera seu medo secreto do escuro. Além do samovar e de uma sela, não possuía no quarto nenhum objeto mais consistente. "Eu sou um canalha, um covarde, um miserável covarde!", pensou de repente, e novamente o atravessou aquele sentimento de desprezo e repugnância por si mesmo. Deitou-se novamente e tentou não pensar. No entanto, as impressões do dia brotavam involuntariamente em sua imaginação, em meio ao som ininterrupto do bombardeio que fazia tremer a vidraça da única janela; voltou a lembrar-se do perigo: ora lhe vinha a visão dos feridos e do sangue, ora das bombas e estilhaços voando pelo quarto, ora da bela enfermeira caridosa cuidando dele, que morria, fazendo-lhe curativos e chorando, ora surgia sua mãe, que o acompanhava até a cidade e rezava com fervor e lágrimas diante do ícone miraculoso — e novamente o sono se tornava impossível. Mas, súbito, veio-lhe à mente o pensamento no bom Deus todo-poderoso, que tudo pode e sempre ouve as orações. Pôs-se de joelhos, persignou-

-se e juntou as mãos, como aprendera na infância. Esse gesto trouxe-lhe o sentimento há muito esquecido do consolo.

"Se eu precisar morrer, não mais existir, faze isso, Senhor", pensou, "faze isso o mais rápido possível; se eu precisar de coragem, da firmeza que não tenho, dê-me Senhor, mas livra-me da vergonha e da desonra que eu não saberia suportar, ensina-me o que fazer para cumprir a tua vontade".

Essa alma limitada, infantil e assustada tornou-se, de repente, viril, serena e vislumbrou horizontes novos, mais largos e iluminados. Pensou e sentiu ainda muitas coisas durante o curto momento em que essa sensação permaneceu, mas logo adormeceu tranquilo e despreocupado, sob o ruído surdo do bombardeio e o trepidar da vidraça.

Senhor poderoso! Só tu ouves e conheces aquelas preces simples, ardentes e desesperadas da ignorância. Os arrependimentos confusos e os sofrimentos que sobem até ti deste terrível lugar de morte — desde o general que por um segundo sonhou durante a refeição ter a cruz de São Jorge ao pescoço e com pavor pressentiu tua aproximação, até o soldado extenuado, esfomeado e piolhento, estendido sobre a terra nua da bateria Nikoláiev e que suplica a ti que lhe dês a recompensa por todos esses sofrimentos imerecidos! Sim, tu não deixaste de ouvir as preces dos teus filhos, faze descer sobre eles, em toda parte, teu anjo consolador, a derramar em suas almas a paciência, o sentido do dever e o deleite da esperança.

15.

Kozieltsov mais velho, encontrando na rua um soldado do seu regimento, seguiu com este direto ao quinto bastião.

— Encoste-se ao muro, Vossa Nobreza! — disse o soldado.

— Por quê?

— É perigoso, Vossa Nobreza; veja, lá vem uma delas — disse o soldado, ouvindo com atenção o som de um projétil, que logo passou silvando e se chocou contra o solo seco do outro lado da rua.

Kozieltsov, sem dar ouvidos ao soldado, caminhou corajosamente até o meio da rua.

Eram as mesmas ruas, as mesmas, ainda que fossem mais frequentes os fogos, os ruídos, os gemidos, os encontros com feridos; a mesma bateria, as mesmas barreiras e trincheira que havia na primavera, quando ele estava em Sebastopol; mas, por alguma razão, tudo aquilo agora estava mais triste e ao mesmo tempo mais veemente: mais rachaduras nas casas, não havia mais luzes às janelas, com exceção da casa Kuschina (hospital), não se via mais uma só mulher; não havia mais nas pessoas o antigo ar despreocupado e acostumado ao perigo, e sim sinais de uma espera ansiosa, de cansaço e tensão.

Por fim, a última trincheira e a voz do soldadinho do regimento de P., que reconhecera seu antigo comandante de companhia; o terceiro batalhão que, em meio à escuridão, espremia-se contra o muro, vez por outra iluminado pela salva de tiros; o som de vozes contidas e os tinidos de armas.

— Onde está o comandante do regimento? — perguntou Kozieltsov.

— Na blindagem, com os da frota, Vossa Nobreza! — respondeu servilmente o soldadinho. — Se quiser, posso levá-lo.

De trincheira em trincheira, o soldado conduziu Kozieltsov até um pequeno fosso. Ali estava um marinheiro fumando seu cachimbo; atrás dele via-se uma porta com uma ranhura que deixava passar a luz.

— Posso entrar?

— Vou anunciar — disse o marinheiro.

Ouviam-se duas vozes atrás da porta.

— Se a Prússia continuar a manter neutralidade — dizia uma das vozes —, então a Áustria também...

— Que importa a Áustria — disse a outra voz —, se as terras eslavas... Sim, peça para entrar.

Kozieltsov nunca havia estado nessa blindagem. Impressionou-o a sua elegância. O piso era atapetado e biombos ocultavam a porta. Havia duas camas junto às paredes, em um canto pendia um grande ícone da mãe de Deus em moldura de ouro, frente a ele queimava uma lamparina rosa. Em uma das camas, dormia um marinheiro todo vestido, e sobre a outra, diante de uma mesa em que se encontravam duas garrafas de vinho já abertas, estavam sentados o novo comandante do regimento e seu ajudante de ordens. Apesar de Kozieltsov não ser nenhum covarde e nem ser culpado de absolutamente nada frente ao governo ou frente ao comandante do regimento, intimidou-se e pôs-se a tremer à vista do coronel, antigo camarada seu, tão altiva foi a forma com que este se levantou e pôs-se a escutá-lo. Também o ajudante de ordens ali sentado o embaraçou com sua pose e olhar que parecia dizer: “Sou apenas amigo do seu comandante. Não é a mim que você se apresenta, portanto não tenho nem o direito, nem o desejo de lhe exigir a menor deferência”. “É estranho”, pensou por sua vez Kozieltsov, observando seu comandante, “fazem apenas sete semanas que ele assumiu o comando e já se percebe em tudo que o cerca: nas roupas, na postura, no olhar, a autoridade de um chefe, uma autoridade que ele tira menos da sua idade, da sua antiguidade no serviço, do seu mérito militar, do que da riqueza que a função de comandante de regimento lhe proporciona. Será que já faz tanto tempo assim”, ruminava ele, “que esse mesmo Batrischev participava das desordens conosco, vestia a mesma camisa de chita por semanas e comia, sem jamais convidar ninguém, suas costeletas e pasteizinhos? E agora, essa camisa de tecido holandês por baixo de um casaco de lã grosso com mangas largas, cigarros de dez rublos na mão, na mesa um Château Lafite de seis rublos... tudo isso deve ter sido comprado em Simferopol pelo furriel a preços inacreditáveis. E nos seus olhos, aquela expressão fria de orgulho dos aristocratas ricos, que diz: ‘Apesar de eu ser seu camarada enquanto comandante formado pela nova escola, não se esqueça de que você só recebe sessenta rublos por terço de ano, enquanto que me passam pelas mãos dezenas de milhares de rublos, e esteja certo de que eu sei que você daria a metade da sua vida para estar no meu lugar'".

— Você demorou a se recuperar — disse o coronel a Kozieltsov, olhando-o friamente.

— Estava doente, coronel, e o ferimento ainda não cicatrizou muito bem.

— Então veio inutilmente — disse o coronel com um olhar pouco crédulo diante da figura corpulenta do oficial. — Você consegue cumprir o seu serviço?

— Sim, perfeitamente.

— Tanto melhor. Então, você retoma a nona companhia do primeiro-sargento Záitsev, a que era sua antes; você receberá as ordens.

— Sim, senhor.

— Tenha a bondade, ao sair, de me enviar o ajudante de ordens do regimento — concluiu o comandante com uma ligeira saudação, dando a entender que a audiência estava encerrada.

Ao sair da blindagem, Kozieltsov rosnou algo repetidas vezes e contraiu os ombros, como se experimentasse um desgosto ou um aborrecimento — nada contra o comandante do regimento (de forma alguma), mas contra si mesmo; sentia-se descontente com tudo a sua volta. A disciplina, e a condição para que ela exista, ou seja, a subordinação, só é agradável, como todas as relações fixadas por regulamentos, quando está fundada ao mesmo tempo no reconhecimento recíproco da sua necessidade e na cegueira por parte do subordinado, que deve acreditar na superioridade, experiência, méritos militares ou simplesmente no alto valor moral do chefe. Porém, se a disciplina se funda, como ocorre frequentemente entre nós, em eventos aleatórios ou no princípio da riqueza, ela leva sempre, por um lado, à sobranceria, e por outro, a uma secreta inveja e despeito, e em lugar de produzir um efeito útil de coesão das massas como um todo, atinge o resultado inverso. O homem que não se sente capaz por seus méritos pessoais de inspirar respeito, instintivamente receia se aproximar de seus subordinados e se esforça para afastar de si a crítica, através de manifestações exteriores de autoridade. Os subordinados, olhando apenas para as manifestações exteriores, ofensivas para com eles, não presumem nada de bom, muitas vezes injustamente.

16.

Kozieltsov, antes de ir ao encontro dos seus oficiais, decidiu saudar sua companhia e verificar onde estava. As barreiras de gabiões, as trincheiras, as peças de canhão pelas quais passava, mesmo os estilhaços de bombas em que tropeçava pelo caminho — tudo isso, iluminado continuamente pelo fogo dos disparos, era-lhe bem conhecido. Tudo isso se gravara vivamente em sua memória três meses antes, durante as duas semanas seguidas que passou nesse mesmo bastião. Apesar do muito de horror que havia nessas lembranças, uma espécie de fascínio se misturava a esse passado e ele sentia prazer em reconhecer aqueles lugares e objetos, como se os dias ali vividos houvessem sido bastante agradáveis. Uma companhia estava disposta ao longo do muro de defesa que levava ao sexto bastião.

Kozieltsov dirigiu-se a um comprido abrigo blindado, completamente aberto pelo lado da entrada, onde lhe haviam dito que estaria a nona companhia. Ultrapassando a entrada, literalmente não havia mais espaço para um pé, tão abarrotada de soldados estava a blindagem. Em um canto, queimava uma vela de sebo torta na mão de um soldadinho deitado, enquanto outro, à sua luz, lia em voz alta um livro. Na penumbra do abrigo percebiam-se cabeças levantadas a prestar uma ávida atenção ao leitor. O livro era uma cartilha e, ao entrar, Kozieltsov escutou o seguinte:

— "Medo... da mor-te é um sen-ti-men-to i-na-to ao ho-mem..."

— Fustigue a vela — disse uma voz —, esse livrinho é bom.

— "Deus... meu..." — continuava o leitor.

Assim que Kozieltsov perguntou pelo sargento-mor, o leitor se calou, os soldados se moveram, tossiram e assuaram, como sempre ocorre após um silêncio forçado. O sargento-mor, abotoando-se, levantou-se do meio do grupo de leitura e, saltando sobre as pernas dos soldados, que não tinham onde enfiá-las, alcançou o oficial.

— Salve, irmão! Essa é toda a nossa companhia?

— Salve! Bem-vindo, Vossa Nobreza! — respondeu o sargento-mor com um olhar alegre e amigável para Kozieltsov. — Está recuperado, Vossa Nobreza? Graças a deus! Já estávamos entediados sem você.

Via-se claramente que Kozieltsov era amado na companhia. Do fundo do abrigo se ouviu: "O velho capitão voltou, o que foi ferido, Kozieltsov, Mikhail Siemiónitch" etc.; alguns avançaram em sua direção, o tambor veio saudá-lo.

— Salve, Obantchuk! — disse Kozieltsov. — Salve rapaziada! — disse, elevando a voz.

— Salve! — ressoou pelo abrigo.

— Como vão as coisas, rapazes?

— Mal, Vossa Nobreza: os franceses dominam, eles batem pesado das suas posições, e é o quanto basta, mas não saem a campo.

— Talvez eu tenha sorte, Deus ajude, e eles saiam, rapazes! — disse Kozieltsov. — E não será a nossa primeira vez: vamos batê-los de novo.

— Faremos o melhor, Vossa Nobreza! — disseram algumas vozes.

— Mas eles são muito valentes, Vossa Nobreza, são terríveis de valentes! — disse o tambor a meia voz, mas de forma audível, dirigindo-se a um de seus companheiros, como se quisesse justificar diante deste as palavras que dissera ao seu capitão, de modo a convencê-lo de que nelas não há gabolice nem nada de inverossímil.

Deixando os soldados, Kozieltsov seguiu para a caserna de defesa para falar aos companheiros oficiais.

17.

A grande sala da caserna estava repleta de gente: oficiais da marinha, artilharia e infantaria. Uns dormiam, outros conversavam, sentados sobre alguma caixa ou sobre a carreta de um canhão da fortaleza; outros, ao fundo, compunham o grupo maior e mais barulhento: sentados no chão sobre duas burcas estendidas, bebiam vinho do Porto e jogavam cartas.

— Ah! Kozieltsov! Kozieltsov! Que bom que veio, formidável! E o ferimento? — ouvia-se de todos os lados. Estava claro que gostavam dele e estavam felizes com sua chegada.

Após apertar as mãos dos seus conhecidos, Kozieltsov juntou-se ao grupo barulhento composto por alguns oficiais que jogavam cartas, entre os quais contavam também companheiros seus. Um homem de cabelos pretos, bonito e magrela, de nariz comprido e ressecado e grande bigode que se prolongava pelas bochechas, fazia a banca com seus dedos brancos e secos, em um dos quais havia um grande anel de ouro com um escudo. Distribuía as cartas direta e negligentemente, nitidamente preocupado com algo e apenas desejando parecer descuidado. Ao lado de sua mão direita havia um major grisalho espichado, apoiado nos cotovelos, o qual, já tendo bebido significativamente e aparentando sangue-frio, entregava uma moeda de cinquenta copeques, com que pagava imediatamente sua dívida. Ao lado de sua mão esquerda, de cócoras, havia um oficialzinho vermelho, de rosto suado, que sorria de um jeito fingido e brincava sempre que batiam suas cartas. Ele remexia ininterruptamente com uma das mãos o bolso vazio das calças largas e apostava alto, mas claramente não jogava limpo, o que chocou o homem bonito de cabelos pretos. Pela sala, passava um oficial segurando nas mãos uma pilha de notas. Esse sujeito, calvo e magro, pálido e sem bigodes e com uma boca grande e desagradável, tinha apostado tudo na banca em dinheiro vivo e havia ganhado.

Kozieltsov tomou um pouco de vodca e sentou-se próximo aos que jogavam.

— Pague, Mikhail Siemiónitch! — disse o banqueiro. — Suponho que o senhor tenha trazido rios de dinheiro.

— De onde eu teria dinheiro!? Ao contrário, meu último centavo gastei na cidade.

— Como assim! O senhor certamente deu a volta em alguém em Simferopol.

— É verdade, em parte — disse Kozieltsov, mas não desejando que acreditassem nele, desabotoou-se e tomou nas mãos as cartas velhas.

— Só não dá para tentar, se o diabo não brinca! E às vezes, o senhor sabe, o mosquito prega uma peça. É preciso beber para criar coragem.

E bebendo, num curto espaço de tempo, mais três cálices de vodca e alguns copos de Porto, o tenente entrou na mais completa sintonia com todo o grupo, ou seja, no torpor e esquecimento da realidade, e perdeu seus três últimos rublos.

Quanto ao pequeno oficial suarento, este já devia cento e cinquenta rublos.

— Não, não estou com sorte — disse ele, preparando negligentemente uma nova carta.

— Tenha a bondade de pagar — disse-lhe o banqueiro, parando por um instante de distribuir e olhando para ele.

— Permita-me pagar amanhã — respondeu o oficial suado, levantando-se e remexendo freneticamente o bolso vazio.

— Hum! — rosnou o banqueiro e, distribuindo raivosamente as cartas à direita e à esquerda, terminou o monte. — Veja só, assim não pode — disse ele, depositando as cartas —, eu vou parar. Assim não pode, Zákhar Ivánitch — acrescentou —, nós jogamos à vista e não a crédito.

— Que é isso, por acaso o senhor está duvidando de mim? Ora, é estranho!

— E quem vai me pagar? — resmungou o major, a essa altura já bem embriagado e que acabara de ganhar uns oito rublos. — Eu já coloquei mais de vinte rublos e quando eu ganho não recebo nada.

— E com o que eu vou pagar — disse o banqueiro — se não há dinheiro na mesa?

— Não quero saber! — gritou o major, levantando-se. — Eu jogo com você, com gente honesta, e não com aqueles.

O oficial suarento, de repente, esquentou-se:

— Estou dizendo que vou pagar amanhã; como o senhor ousa me lançar injúrias?

— Eu digo o que quiser! Pessoas honestas não agem assim, é isso! — gritou o major.

— Basta, Fiódor Fiódoritch! — disseram os outros, retendo o major. — Já chega!

Mas o major parece que só esperava que lhe pedissem calma, para enfurecer-se de vez. Ergueu-se, súbito, de um salto e, cambaleando, aproximou-se do oficial suarento.

— Eu disse injúrias? Quem é o mais velho aqui, quem serve o tsar há vinte anos... Injúrias? Ah, você é um moleque! — grasnou subitamente, cada vez mais animado com o som da sua voz. — Canalha!

Mas baixemos rapidamente a cortina sobre esta cena profundamente triste. Amanhã, talvez hoje ainda, cada um desses homens marchará com alegria e orgulho ao encontro da morte, e saberá morrer com calma e firmeza. O único consolo da vida nessas circunstâncias que aterrorizam mesmo a mais fria imaginação, onde desaparece tudo o que é humano e toda esperança de encontrar uma saída, o único consolo é o esquecimento, a aniquilação da consciência. No fundo da alma de cada indivíduo se oculta uma chama nobre que faz dele um herói; essa chama não brilha vivamente, mas ao chegar o minuto fatal, ela irrompe ardente e ilumina os grandes atos.

18.

No outro dia o bombardeio continuava intenso. Pelas onze da manhã, Volódia Kozieltsov observava os oficiais da bateria e, já um pouco mais acostumado a eles, conversava e fazia perguntas. As conversas frugais dos oficiais de artilharia, com certa pretensão à ciência, inspiravam seu respeito e lhe agradavam. Por outro lado, a aparência recatada, inocente e bela de Volódia predispunha-nos a seu favor. O oficial mais velho da bateria, o capitão, era um homem não muito alto, ruivo e com um topete caindo sobre as têmporas; havia se nutrido das antigas tradições da artilharia, cavaleiro a serviço das damas, e, posando de sábio, interrogava Volódia a respeito dos seus conhecimentos de artilharia e das novas descobertas, zombava carinhosamente da sua juventude e beleza e dirigia-se a ele em geral como de pai para filho, o que o deixava muito satisfeito. Também o jovem subtenente Diádienko, apesar de pronunciar a vogal plena *o*,[78] de usar um casaco rasgado e ter os cabelos eriçados, apesar de falar muito alto e não deixar escapar nenhuma ocasião para discutir avidamente qualquer assunto, e apesar de seus movimentos bruscos, agradou Volódia, que não pôde deixar de notar, por baixo dessa rude aparência, a ótima pessoa que era, o coração bom e generoso. Diádienko oferecia a todo instante os seus préstimos ao jovem oficial, e vivia lhe demonstrando como os canhões de Sebastopol estavam dispostos incorretamente. Apenas o tenente Tchernovítski, com suas sobrancelhas altas, não agradou a Volódia, apesar de mais instruído que os outros, de vestir um capote bastante limpo, não exatamente novo, mas cuidadosamente remendado, e apesar de exibir uma corrente de ouro presa ao colete. O tenente vivia lhe perguntando sobre o imperador e o ministro da guerra, e lhe narrava, com um entusiasmo afetado, os atos de bravura realizados em Sebastopol, lamentando que houvesse tão pouco patriotismo e que fossem dadas ordens tão irrazoáveis etc. — em geral demonstrava muito conhecimento, inteligência e dignidade, mas por alguma razão tudo isso parecia a Volódia decorado e não natural. Sobretudo, ele percebeu

[78] Na pronúncia russa, a vogal *o* não acentuada se pronuncia como *a*; mas em regiões ao sul a regra não é observada.

que os oficiais mais simplórios quase não falavam com Tchernovítski. O *junker* Vlang, o que tivera de deixar a cama para Volódia na véspera, também estava lá. Não dizia nada. Sentado modestamente em seu canto, ria-se, quando contavam algo engraçado, e os lembrava, quando esqueciam alguma coisa, servia vodca e enrolava cigarros para todos os oficiais. Fosse pelas maneiras modestas e polidas de Volódia, que se dirigia a ele como a um oficial, ao invés de tratá-lo como um moleque; fosse pelo aspecto simpático do jovem Kozieltsov, o fato é que *Vlanga* — como o chamavam os soldados, que por algum motivo lhe atribuíam uma declinação feminina ao nome — encantou-se com Volódia e não tirava dele os seus grandes, bondosos e estúpidos olhos, adivinhando e prevendo os seus mais ínfimos desejos como se estivesse sempre em uma espécie de êxtase amoroso, o que era percebido claramente e levava os oficiais a gargalhadas.

Antes do jantar, o segundo-capitão fez-se substituir no bastião e veio juntar-se à comunidade dos oficiais. O segundo-capitão Kraut era um belo homem, louro, decidido, com grandes bigodes e costeletas ruivas, falava um excelente russo, mas excessivamente correto e elegante para um verdadeiro russo. Era perfeccionista também na vida e no serviço: cumpria com perfeição suas funções, era ótimo camarada, correto nos negócios que envolviam dinheiro; mas como homem faltava-lhe algo, justamente por ser tão perfeito. Como todos os russos de origem alemã, por um estranho contraste com os alemães da Alemanha, que são idealistas, ele era um pragmático no mais alto grau.

— Aí está ele, nosso herói chegou! — disse o capitão no momento em que Kraut entrava, alegre, gesticulando largamente e fazendo tinir as esporas. — O que deseja, Friedrich Krestiánitch: chá ou vodca?

— Eu já encomendei chá — respondeu —, mas cai bem uma vodquinha agora para alegrar a alma. Muito prazer em conhecê-lo, seja bem-vindo — disse ele a Volódia, que havia se levantado para cumprimentá-lo. — Um oficial da artilharia me comunicou no bastião a sua chegada ontem.

— Sou-lhe grato pela cama: dormi nela ontem.

— Conseguiu dormir bem? Está com um pé quebrado; não há ninguém para consertá-la, nessa situação de cerco, é preciso pôr um calço.

— Então, o serviço foi bem sucedido? — perguntou Diádienko.

— Nada mal, apenas Skvórtsov foi atingido, *consertaram* uma carreta dele ontem: explodiram em pedaços a falca.

Levantou-se e pôs-se a caminhar; estava visivelmente dominado pela satisfação de haver escapado ao perigo.

— Então, Dmitri Gavrílitch — disse ele, dando um tapinha amigável no joelho do capitão —, como está, paizinho? E a sua promoção, ainda nada?

— Ainda nada.

— É, e será nada mesmo — retrucou Diádienko —, eu já o preveni sobre isso.

— E por quê?

— Porque o relatório foi mal feito.

— Ah, você é um rabugento, um rabugento — disse Kraut, sorrindo alegremente —, um verdadeiro topetudo obstinado. Pois bem, por desaforo, você vai passar a tenente.

— Não, não vou.

— Vlang, traga o meu cachimbo, mas cheio — dirigiu-se ao *junker*, que de boa vontade correu para buscar o cachimbo.

Kraut animava todo mundo; contava histórias sobre o bombardeio, indagava sobre o que haviam feito na sua ausência, interpelava cada um.

19.

— E então, você já está instalado? — perguntou Kraut a Volódia. — Perdão, qual é mesmo seu nome e patronímico? Você conhece os hábitos da artilharia? Conseguiu uma montaria?

— Não — disse Volódia —, não sei como fazer. Eu disse ao

capitão que não tinha nem cavalo, nem dinheiro e ainda não recebi o abono de transferência, nem o soldo de forragem. Eu tinha a intenção de pedir ao comandante da bateria o seu cavalo, mas temo que ele recuse.

— Apolón Sierguéitch? — disse Kraut, e produziu um som com os lábios expressando forte dúvida; olhou para o capitão. — Pouco provável!

— Bem, se ele recusar não é nenhuma desgraça — disse o capitão. — Na verdade, aqui não há necessidade de cavalos e tentar não custa, falo com ele hoje.

— Ah! Você não o conhece — interveio Diádienko —, ele recusaria qualquer outra coisa, mas isso, por nada... Quer apostar?

— Você é sempre do contra.

— Só quando tenho certeza; ele é avarento com outras coisas, mas o cavalo ele empresta, porque não economiza nada com ele.

— Como não, se a aveia lhe sai por oito rublos! — disse Kraut. — Haveria vantagem em manter inutilmente um cavalo!

— Peça a Skvoriétz,[79] Vladímir Siemiónitch — disse Vlang, ao retornar com o cachimbo de Kraut —, é um cavalinho excelente!

— Aquele que caiu no fosso de Soróki[80] com você? Hem, *Vlanga*? — disse, rindo, o segundo-capitão.

— O que você está dizendo, oito rublos pela aveia — insistiu em discutir Diádienko —, pois se ele recebe um abono de dez rublos e meio, isso não chega a ser vantagem.

— E acredite que não lhe sobra nada! Se você fosse comandante de bateria, não emprestaria seu cavalo nem para um passeio na cidade!

— Quando eu for comandante de bateria, paizinho, meus cavalos terão quatro fardos de aveia para comer por dia, não vou lucrar em cima deles, tenha certeza.

---

79 Tipo de pássaro muito comum na Rússia; a personagem faz um trocadilho com o sobrenome "Skvortsóv".

80 Cidade de uma província da Bessarábia.

— Quem viver, verá! — disse o segundo-capitão. — Você também vai lucrar, e todos aqui também vão encher os bolsos — acrescentou, apontando para Volódia.

— Por que você supõe, Friedrich Krestiánitch, que todos querem se aproveitar? — intrometeu-se Tchernovítski. — Talvez eles tenham uma boa situação e, nesse caso, para que se aproveitariam?

— Não, já eu... com sua licença, capitão — disse Volódia, enrubescendo até as orelhas —, eu considero isso pouco digno.

— Eh-he! Como é ingênuo! — disse Kraut. — Chegue a capitão e você não dirá mais isso.

— Será sempre assim; o que eu penso é que não devo pegar um dinheiro que não é meu.

— E eu vou lhe dizer o seguinte, meu jovem — começou o segundo-capitão em tom mais sério. — Você sabia que quando você vier a comandar uma bateria, se você conduzir bem os negócios, cairão certamente em suas mãos uns quinhentos rublos em tempos de paz, e em tempos de guerra entre sete e oito mil rublos, só da parte que vai para os cavalos? Pois bem. Os víveres dos soldados não competem ao comandante de bateria: isso é assim desde sempre, na artilharia. Agora, se você for um mau administrador, não lhe sobrará nada. Até porque você tem mais despesas do que o estabelecido: com ferragem — um (levantou um dedo), com farmácia — dois (levantou outro dedo), com a chancelaria — três; pelos cavalos de sela lhe dão quinhentos rublos, paizinho, mas pela remonta cinquenta, é o que se exige — quatro. Você deve, contra o regulamento, renovar as *golas* dos soldados, ter um saldo de carvão, abrir a mesa para os oficiais. E ainda, você, como comandante de bateria, deve viver de acordo: deve ter uma carruagem, um casaco de peliça, todo tipo de objetos, e isso, e aquilo...

— E o principal — interveio o capitão, que até então se mantivera calado — sabe o que é, Vladímir Siemiónitch? Imagine que um homem como eu, por exemplo, que serviu durante vinte anos recebendo duzentos e depois trezentos rublos de soldo, está constantemente em situação de necessidade; como não lhe dar meios ao fim do seu serviço, para que garanta ao menos um pedaço de pão na velhice, quando os comissários acumulam dezenas de milhares por semana?

— Sim! O que significa isso! — retomou o segundo-capitão. — Não se apresse em julgar os outros, viva e verá.

Volódia se sentiu terrivelmente envergonhado por haver dito algo sem refletir, murmurou qualquer coisa e se calou, voltando sua atenção a Diádienko que com grande entusiasmo retomava a discussão para contrariar seus adversários.

A discussão foi interrompida com a chegada da ordenança do regimento, que anunciava o jantar.

— Diga a Apolón Sierguéitch que traga vinho — disse Tchernovítski ao capitão, enquanto se abotoava. — Para que serve ser tão mesquinho? Se o matam, não vai levar nada!

— Diga você mesmo a ele — respondeu o capitão.

— Não, você é o oficial mais antigo: deve-se observar a hierarquia em tudo.

20.

A mesa havia sido afastada da parede e coberta por uma toalha suja, naquele mesmo cômodo em que Volódia se apresentara na véspera. O comandante da bateria agora lhe estendia a mão e lhe perguntava sobre Petersburgo e sobre a viagem.

— Bem, senhores, os que tomam vodca, tenham a bondade de se aproximar! Os sargentos não bebem — acrescentou, sorrindo para Volódia.

O comandante agora não parecia tão severo como no dia anterior; ao contrário, estava afável, hospitaleiro, um velho camarada. E todos os oficiais — do velho capitão ao contestador Diádienko — pelo modo como falavam, fixando o comandante com polidez, e pelo modo como se aproximavam da mesa para tomarem sua vodca, um após outro, demonstravam por ele grande respeito.

O jantar consistia de uma grande terrina de *schi*, onde nadavam pedaços de carne bovina cozida e boa quantidade de pimenta e folhas de louro, um picado polonês com mostarda e *kolduni* com manteiga não muito fresca. Não havia guardanapos e as colheres eram de ferro ou madeira, os copos eram apenas dois e sobre a mesa não havia mais que uma garrafa de água, rachada; mas nem por isso o jantar foi melancólico: a conversa seguia animada. Inicialmente discutiram a batalha de Inkerman, de que a bateria participara, cada um expondo suas impressões e reflexões sobre as causas do insucesso, e silenciavam sempre que o comandante começava a falar; depois, a conversa naturalmente se voltou para a insuficiência do calibre das armas leves, para os novos aperfeiçoamentos dos canhões, o que deu a Volódia oportunidade de mostrar seus conhecimentos em artilharia. Mas a conversa passava sempre ao largo da terrível situação de Sebastopol, como se já pensassem demasiado nesse assunto para ainda virem a falar dele. Não foram objeto de discussão as obrigações que deveriam caber a Volódia no serviço, para sua surpresa e aflição, como se ele tivesse vindo a Sebastopol apenas para discorrer sobre os meios de tornar as armas mais ligeiras e jantar com o comandante. Enquanto jantavam, não longe da casa em que estavam caiu uma bomba. O piso e as paredes tremeram como se fosse um terremoto e os vidros embaciaram com a fumaça da pólvora.

— Você, de certo, nunca viu isso em Petersburgo, mas aqui são constantes essas surpresas — disse o comandante. — Dê uma olhada, Vlang, veja onde explodiu.

Vlang foi olhar e contou que atingira a praça, e nada mais disseram sobre a bomba.

Ao fim do jantar, um velhinho, escrivão da bateria, entrou com três envelopes selados e entregou-os ao comandante. "Este é *muito urgente*, o cossaco acabou de trazer da parte do chefe da artilharia." Os oficiais olhavam com impaciência enquanto os dedos experientes do comandante quebravam o selo do envelope e retiravam de lá o pedaço de papel *muito urgente*. "O que pode ser?", perguntava-se cada um deles. Poderia ser uma ordem de trégua para deixarem Sebastopol, poderia ser uma ordem para que toda a bateria se postasse nos bastiões.

— De novo! — disse o comandante, furioso, arremessando o papel sobre a mesa.

— Do que se trata, Apolón Sierguéitch? — perguntou o oficial mais antigo.

— Exigem um oficial com ajudante para uma bateria de morteiros. Eu tenho ao todo quatro oficiais e um número insuficiente de ajudantes — rosnou o comandante —, e ainda me exigem isso. Mas alguém terá de ir, senhores — acrescentou, após silenciar um instante —, a ordem é estar às sete horas na Barreira... Enviar o primeiro-sargento? Quem irá, senhores? Decidam — repetiu.

— Há os que nunca foram — disse Tchernovítski, apontando para Volódia.

O comandante da bateria não disse nada.

— Sim, eu gostaria — disse Volódia, sentindo um suor frio lhe percorrer a espinha e a nuca.

— E por quê? — interrompeu o segundo-capitão. — Bem entendido, ninguém vai se recusar, mas não convém se oferecer; se Apolón Sierguéitch nos permite, tiremos a sorte como fizemos da outra vez.

Todos concordaram. Kraut preparou papeizinhos, enrolou-os e os depositou no boné. O capitão fez um gracejo e chegou mesmo a pedir vinho ao coronel, para dar coragem, segundo disse. Diádienko estava taciturno, Volódia sorria vagamente, Tchernovítski acreditava que seria designado pela sorte, Kraut estava muito tranquilo.

Volódia foi o primeiro a tirar. Ia quase puxando um papelzinho mais comprido, quando lhe deu na cabeça trocar, e puxou um outro, menor e mais largo. Ao abri-lo, leu: "Ir".

— Sou eu — disse, suspirando.

— Bem, vá com Deus. Logo terá seu batismo de fogo — disse o comandante, olhando com um sorriso terno o rosto perturbado do primeiro-sargento —, prepare-se rápido. Para ficar mais alegre, Vlang irá como seu artilheiro.

21.

Vlang ficou extremamente satisfeito por ter sido designado, correu para se preparar e, uma vez vestido, veio ajudar Volódia; persuadiu-o a levar consigo um saco de dormir, uma peliça, fascículos velhos dos *Anais da pátria*, cafeteira com alguma bebida alcoólica e outras coisas desnecessárias. O capitão aconselhou Volódia a estudar os tiros dos morteiros pelo *Manual* e de copiar de lá imediatamente a tabela de ângulos de tiro. Volódia mergulhou em seguida na obra e, para sua surpresa e alegria, percebeu que, se ainda o atormentavam um pouco o medo do perigo e, mais ainda, a ideia de se mostrar um covarde, por outro lado esses sentimentos já arrefeciam, não tinham mais a dimensão que haviam alcançado na véspera. Isso se devia, em parte, às ocupações e impressões do dia, mas também, e principalmente, ao fato de que o medo, como qualquer sentimento violento, não consegue manter por muito tempo a mesma intensidade. Em suma, ele já conseguia superar seu medo. Às sete horas, assim que o sol começava a se esconder por trás da caserna Nikolai, o primeiro-sargento entrou para lhe anunciar que os homens estavam prontos e o aguardavam.

— Entreguei a lista a *Vlanga*. Peça, por favor, a ele, Vossa Nobreza! — disse.

Uma vintena de soldados de artilharia, armados com seus sabres-baionetas e sem mais pertences esperavam atrás da casa. Volódia e o *junker* aproximaram-se deles. "Devo fazer-lhes algum discurso? ou devo simplesmente dizer: 'Salve, rapazes!'... ou será melhor não dizer nada?", pensava. "E por que eu não diria 'salve, rapazes!'?... isso chega a ser obrigatório". E gritou com sua voz sonora: "Salve, rapazes!". Os soldados responderam alegremente. Essa voz jovem soara agradável aos seus ouvidos. Volódia marchou animadamente à frente dos soldados e, apesar de seu coração bater como se tivesse corrido muitas verstas a perder o fôlego, sua marcha era leve e sua expressão alegre. Ao subirem a colina do monte Malákhov, notou que Vlang, que não se afastava dele nem um passo embora em casa se fizesse de muito corajoso, inclinava e abaixava a cabeça como se todas as bombas e balas, que já frequentemente silvavam por ali, voassem direto para ele. Alguns soldados faziam o mesmo e, em geral, a maior parte deles demonstrava, senão medo, ao menos inquietude. Essa constatação tranquilizou e animou Volódia.

"E aqui estou eu, sobre o monte Malákhov, que imaginava tão terrível! E posso marchar sem me curvar diante das balas, me acovardo bem menos que os outros! Será que não sou covarde?", pensava com satisfação e mesmo com certo sentimento de autossuficiência.

Entretanto, essa intrepidez e presunção foram logo postas à prova pelo espetáculo que se apresentou ao crepúsculo na bateria Kornilóv, quando procurava pelo chefe do bastião. Quatro marinheiros seguravam pelos braços e pelas pernas um corpo ensanguentado, despojado das botas e do capote, e o balançavam para atirá-lo através do parapeito (após dois dias de bombardeios não se podia juntar todos os corpos nos bastiões; eram, então, despejados em um fosso para desembaraçar as baterias). Volódia ficou petrificado por um instante, ao ver o corpo ser atirado e rolar até o fosso; mas, para seu alívio, nesse momento o chefe do bastião o encontrou, deu-lhe as ordens e forneceu um guia para levá-lo à bateria e à blindagem. Não vou narrar todos os horrores e perigos por que passou nosso herói naquela noite: de como, em lugar de um bombardeio semelhante ao que vira no campo de Vólkov, em que havia todas as condições possíveis de precisão e ordem, e que esperava encontrar igualmente aqui, viu-se em presença de dois morteiros sem mecanismo de pontaria, um dos quais danificado na boca por uma bala, e o outro mal apoiado sobre a lasca de uma plataforma destruída; de como até o amanhecer não conseguira trabalhadores que pudessem consertar a plataforma; de como nenhuma carga explosiva tinha o peso indicado no *Manual*; de como dois soldados que comandava foram feridos e de como umas vinte vezes se salvara da morte por um fio. Por felicidade, haviam designado para seu auxiliar um marinheiro de grande estatura, responsável pelas armas, que desde o início do cerco manejava os morteiros e que o persuadira da possibilidade de ainda se servirem desses engenhos: o marinheiro o conduzira à noite com um lampião por todo o bastião, como se estivesse em seu jardim, e prometera que no dia seguinte tudo estaria reparado. A blindagem para onde o guia por fim o levou fora escavada em solo pedregoso com duas braças cúbicas de profundidade, sob a forma de uma fossa alongada recoberta por toras de madeira de um *archin* de espessura. Pôde se alojar ali com todos os seus soldados. Vlang, assim que viu a porta baixa de um *archin* da blindagem, se lançou primeiro, a toda pressa, antes de todos, e entrou correndo no abrigo, por pouco não se arrebentando no solo pedregoso, atirou-se num canto e de lá não mais saiu. Quanto a Volódia, depois que todos os soldados se alojaram no chão ao longo da parede, alguns fumando seus cachimbos, estendeu seu saco de dormir em um canto, acendeu uma velinha e se deitou, um cigarro à boca. Da blindagem ouvia-se o incessante tiroteio, mas não tão alto, exceção feita ao momento em que um canhão fez estremecer tão fortemente o abrigo que caiu terra do teto. Na blindagem, propriamente, estava tudo calmo: os soldados, ainda tímidos diante do novo oficial, conversavam pouco, apenas quando deviam dar passagem uns aos outros ou pedir fogo para os seus cachimbos; uma ratazana chiava em algum lugar entre as pedras e Vlang, ainda não de todo refeito e observando assustado tudo em volta, soltou de repente um enorme suspiro. Volódia, deitado num canto repleto de gente, iluminado por uma velinha, experimentava uma sensação de conforto semelhante à que sentia quando, ao brincar na infância de esconde-esconde, fechava-se em um armário ou se enfiava sob as saias da mãe e, sustando a respiração, escutava, temia o escuro e ao mesmo tempo sentia prazer com ele. Um misto de pavor e alegria.

22.

Após uns dez minutos os soldados tomaram coragem e começaram a conversar. Os mais próximos da luz e da cama do oficial eram os mais graduados, dois artilheiros: um, grisalho, que havia recebido todas as medalhas e cruzes, com exceção da cruz de São Jorge; outro, jovem, que fumava cigarros enrolados. O tambor, como sempre, tomava para si a obrigação de servir o oficial. Os bombardeiros e os artilheiros montados estavam ao redor e, perto da entrada, à sombra, alojavam-se os *humildes*. Foi entre estes que a conversa se iniciou, tendo por pretexto o barulho que fez um homem ao entrar bruscamente no abrigo.

— E aí, meu irmão, não quis ficar na rua? As meninas não te agradam? — disse uma voz.

— Que belas canções elas cantam, nem na aldeia nunca se ouviu — disse, rindo, aquele que acabara de entrar.

— Ah, você não ama as bombas, Vássin, oh, não ama! — disse alguém do lado aristocrata.

— Depende! Quando é preciso, a cantiga é outra! — respondeu a voz arrastada de Vássin que, quando falava, todos se calavam. — No vinte e quatro se atirou a não poder mais; mas se alguém mata um deles, o governo não dá, por isso, nem um muito obrigado para o nosso irmão.

— E o Miélnikov... ainda está lá fora — disse alguém.

— Mandem vir pra cá, o Miélnikov — acrescentou o artilheiro mais velho —, vão matá-lo por nada.

— Quem é esse Miélnikov? — perguntou Volódia.

— Um dos nossos, Vossa Nobreza, é um soldadinho estúpido. Não tem medo de nada e fica andando lá fora. Já o verá: parece um feiticeiro.

— Ele diz palavras mágicas — disse a voz arrastada de Vássin do outro lado.

Miélnikov entrou na blindagem. Era um homem gordo (o que é uma verdadeira raridade entre os soldados), ruivo, de tez avermelhada, com uma testa proeminente e olhos azul-claros saltados.

— Você, então, não tem medo das bombas? — perguntou Volódia.

— Ter medo para quê! — respondeu Miélnikov, encolhendo-se e se coçando. — As bombas não vão me matar, eu sei.

— Você, então, gostaria de viver aqui?

— Claro que gostaria. Aqui é alegre! — disse, caindo na gargalhada subitamente.

— Ah, então, você precisa de uma permissão! Se quiser, posso falar com o general — disse Volódia, apesar de não conhecer nenhum general.

— Como não! Quero!

E Miélnikov desapareceu por trás dos outros.

— Que tal um joguinho, rapazes! Alguém tem cartas? — precipitou-se uma voz.

De fato, logo se montou uma roda de jogo no canto do fundo; ouviam-se as batidas, as risadas e os trunfos. Volódia tomou chá do samovar servido pelo tambor, ofereceu aos artilheiros a seu lado, gracejou, conversou com eles, desejando tornar-se mais popular, e ficou satisfeito com o respeito que lhe testemunharam. Os soldadinhos, notando que seu senhor era um homem *simples*, deram livre curso às conversas. Um deles contou que logo deveria terminar o cerco a Sebastopol, que alguém da marinha, pessoa de sua confiança, dissera que *Kistentin*,[81] irmão do tsar, estava para chegar em socorro com uma frota *mericana*, e que logo será negociada uma trégua de duas semanas, e se alguém atirar nesse tempo terá de pagar por tiro setenta e cinco copeques de multa.

[81] Pronúncia popular para “Konstantin”.

Vássia — que, como já observara Volódia, era um sujeito baixo, de costeletas e olhos grandes e bondosos — contava, em meio ao silêncio geral e, depois, aos risos, como se sentira inicialmente feliz ao sair de licença, até que seu pai exigiu que trabalhasse, e como o intendente florestal enviou uma carruagem para que fosse buscar sua mulher. Todas essas histórias divertiam Volódia. Não só não sentia o menor medo, mas também não se ressentia do aperto e do ar pesado do abrigo, ao contrário, estava alegre e confortável.

Muitos soldados já roncavam. Vlang também se espichou no chão e o artilheiro mais velho estendeu seu capote, persignou-se e murmurou algumas orações caindo no sono. Volódia, porém, quis sair do abrigo para ver o que acontecia lá fora.

— Recolha as pernas! — gritaram os soldados uns aos outros, mal o oficial se levantou; e as pernas se recolheram para lhe dar passagem.

Vlang, que parecia adormecido, levantou a cabeça subitamente e apanhou no chão o capote de Volódia.

— Já basta, não vá, pra quê! — disse ele em tom choramingas e persuasivo. — Você ainda não conhece o lugar; está uma chuva de balas; é melhor ficar aqui...

Mas apesar das súplicas de Vlang, Volódia saiu do abrigo e se sentou à entrada, onde também se sentara Miélnikov para trocar o calçado.

O ar estava limpo e fresco — sobretudo após se sair da blindagem; a noite estava clara e calma. Por trás do ruído surdo da canhonada, ouvia-se o rolar das carroças que transportavam os gabiões e as vozes dos homens que trabalhavam no paiol de pólvora. Sobre as cabeças, o céu se fazia alto, pleno de estrelas e dos constantes riscos de fogo das bombas; à esquerda, uma pequena abertura de um *archin* levava a outra blindagem, de onde se percebiam as pernas e as costas dos marinheiros e se escutavam suas vozes embriagadas; à frente via-se a elevação do paiol de pólvora, diante do qual passavam silhuetas curvadas, enquanto que no alto, sob as balas e projéteis que silvavam sem cessar, movia-se a figura alta de um homem em capote preto com as mãos nos bolsos, calcando com os pés a terra que outros entornavam dos sacos. Frequentemente bombas caíam e explodiam perto do paiol. Os soldados que transportavam terra se curvavam e se afastavam; a figura alta de capote preto não se movia, continuava a pisotear a terra tranquilamente, mantendo sempre a mesma atitude.

— Quem é esse de preto? — perguntou Volódia a Miélnikov.

— Não sei; vou lá ver.

— Não vá, não precisa.

Mas Miélnikov, sem lhe dar ouvidos, levantou-se e foi até o homem de preto e por um bom tempo se manteve ao lado dele impassível e imóvel.

— É o encarregado do paiol, Vossa Nobreza — disse ao retornar —, receberam uma bomba, alguns da infantaria estão trazendo terra.

Às vezes as bombas pareciam se dirigir direto à abertura da blindagem.

Nesses momentos, Volódia se escondia a um canto, e novamente assomava, olhando para o alto, verificando se não estariam vindo outras. Apesar de Vlang suplicar-lhe algumas vezes da blindagem para que entrasse, permaneceu ali fora por umas três horas, sentindo prazer em desafiar o destino e observar o voo das bombas. À madrugada, ele já se dera conta do local de onde saíam os projéteis, do número de peças e da direção do tiro.

23.

Na manhã do dia seguinte, vinte e sete do mês, após dez horas de sono, Volódia deixou a blindagem bem animado. Vlang também se arrastou para fora com ele, mas, ao primeiro som de disparo, abrindo caminho com a cabeça, atirou-se aos trambolhões de volta à abertura do abrigo, em meio às gargalhadas gerais dos soldados, que em sua maior parte já haviam saído de lá para tomar ar. À exceção de Vássin, do artilheiro mais velho e de mais alguns que raramente haviam frequentado as trincheiras, os restantes, não havia meios de os segurar: escaparam todos do abrigo empesteado para respirar o ar puro da manhã e, apesar do bombardeio prosseguir tão violento quanto na véspera, distribuíram-se uns perto da entrada, outros à barreira. Miélnikov, já desde a aurora passeava pelas baterias, olhando indiferente para o alto.

Próximos ao abrigo sentaram-se dois soldados mais velhos e um jovem de cabelos anelados, judeu pela aparência. Este último, tendo apanhado uma bala na terra, aplainou-a sobre uma pedra com a ajuda de um caco e com uma faquinha esculpiu nela uma cruz semelhante a de São Jorge; os outros o observavam enquanto conversavam. A cruz de fato ficou muito bonita.

— Se ficarmos ainda mais tempo aqui — dizia um deles — quando vier a paz, nosso tempo de serviço terá acabado.

— Como assim! Eu ainda tenho quatro anos a cumprir e só estou há cinco meses em Sebastopol.

— Não é assim que se conta para a baixa — disse o outro.

Nesse momento, um projétil passou silvando sobre suas cabeças e caiu a um *archin* de Miélnikov, que se aproximava deles pela trincheira.

— Por pouco não matou Miélnikov — disse um deles.

— Não vai me matar — respondeu-lhes Miélnikov.

— Tome, é uma cruz pela tua bravura — disse o jovem soldado, dando a Miélnikov a cruz que fizera.

— Não, meu irmão, aqui, ao contrário, um mês conta por um ano, há um decreto sobre isso — prosseguiu a conversa.

— De qualquer forma, logo que fizerem a paz, vão passar à vista do tsar em Archava, e mesmo que não se tenha cumprido o tempo de serviço, vão liberar por tempo indeterminado.

Nessa hora, uma bala ricocheteou e, com seu assobio agudo, bateu contra uma pedra acima de suas cabeças.

— Olha lá, você pode ainda essa noite mesmo ser *liberado* definitivamente — disse um deles.

Todos riram.

Não tiveram de esperar até a noite; duas horas mais tarde, dois deles foram liberados definitivamente e cinco foram feridos, o que não impediu os sobreviventes de darem continuidade aos gracejos.

Os dois morteiros danificados foram de fato reparados pela manhã, de forma a que se pudesse disparar com eles. Às dez horas, por ordem recebida do chefe do bastião, Volódia juntou seu destacamento e seguiu com ele para a bateria.

Pondo-se ao trabalho, os homens não demonstravam mais sinais daquele medo que haviam expressado na véspera. Vlang, apenas, não conseguia se dominar: escondia-se e abaixava-se o tempo todo, e Vássin parecia ter perdido um pouco a sua tranquilidade, agitava-se e flexionava-se constantemente. Volódia estava entusiasmado: não lhe vinha o pensamento do perigo, mas a alegria de cumprir bem o seu dever, de não ser um covarde, mas, quem sabe, até mesmo um bravo: sentia a excitação do comando e da presença dos seus vinte homens que, ele bem sabia, o olhavam com curiosidade e fariam dele um homem valente. Chegou mesmo a envaidecer-se com sua bravura, mostrou certa afetação diante dos soldados, subindo sobre uma banqueta e desabotoando de propósito seu capote para chamar atenção. O chefe do bastião, que nesse momento percorria *seus domínios*, em sua própria expressão, apesar de habituado já há oito meses a todo tipo de bravura, não pôde não admirar aquele belo rapaz com seu capote desabotoado deixando entrever a camisa vermelha ao redor do pescoço branco e delicado, seu rosto e seus olhos que se inflamavam, suas mãos que aplaudiam e o som de sua voz ao comando: "Primeiro! Segundo!" — e saía correndo alegremente à barreira para ver onde havia caído sua bomba. Às onze e meia o tiroteio silenciou de ambos os lados, e exatamente ao meio-dia começou o ataque ao monte Malákhov e ao segundo, terceiro e quinto bastiões.

24.

Deste lado da baía, entre Inkerman e as fortificações de Siévernaia, dois oficiais da marinha se achavam a postos na colina do telégrafo, perto do meio-dia: um deles observava Sebastopol pela luneta, e o outro acabara de se aproximar, à cavalo, ao posto de observação, na companhia de um cossaco.

O sol alto iluminava toda a baía, e sua luz tingia os navios, as velas e os barcos em movimento com um brilho alegre e quente. A leve brisa farfalhava as folhagens secas dos arbustos de carvalho ao redor do posto, soprava as velas dos barcos, encrespava o mar. Sebastopol, sempre a mesma, com sua igreja inacabada, suas colunas, seu cais, seu bulevar subindo a colina verdejante, o elegante prédio de sua biblioteca, suas pequenas enseadas azuladas povoadas de mastros, os arcos pitorescos de seus aquedutos e coberta por nuvens de fumaça azul de pólvora, iluminadas momentaneamente por chamas rubras de disparos; a sempre bela, orgulhosa e festeira Sebastopol, rodeada de um lado por colinas amarelas enfumaçadas, e de outro pelo mar de um azul vivo a reluzir ao sol — vista deste lado da baía. No horizonte do mar, junto à faixa de fumaça escura de algum vapor, deslizavam extensas nuvens brancas, promessa de vento. Por toda a linha das fortificações, particularmente pelas colinas do lado esquerdo, surgiam, em jatos súbitos, acompanhados às vezes por relâmpagos, mesmo ao meio-dia, baforadas de uma fumaça branca, espessa e compacta, que crescia e adquiria formas diversas, elevava-se e tingia o céu de tons sombrios. Essas fumaças surgiam ora aqui, ora ali, pelas colinas, sobre as baterias inimigas, sobre a cidade e alto no céu. Os sons das explosões não se calavam e, reverberando, abalavam o ar...

Ao meio-dia as fumaças foram se tornando mais e mais raras e a atmosfera menos carregada de ruídos.

— O segundo bastião não responde mais — disse o oficial hussardo em sua montaria. — Está todo destruído! É terrível!

— E Malákhov, para cada três tiros do inimigo, só manda um

— respondeu o que observava de luneta. — Esse silêncio deles me deixa louco. Estão caindo direto sobre a bateria Kornilóv e ela não responde.

— Mas repare que ao meio-dia, como eu disse, eles sempre cessam o bombardeio. E hoje acontece o mesmo. Vamos, é melhor almoçarmos... Estão nos esperando... Não há mais nada para ver.

— Espere, não me atrapalhe! — respondeu o da luneta, observando Sebastopol com uma curiosidade particular.

— Há algo? O que é?

— Um movimento nas trincheiras, colunas serradas marchando.

— Sim, pode-se ver daqui — disse o marinheiro —, avançam em colunas. É preciso dar um sinal.

— Veja, veja! Saíram das trincheiras.

De fato, via-se a olho nu uma mancha escura descendo da colina pelo barranco, das baterias francesas para os bastiões. À frente dessa mancha, via-se já uma faixa escura próxima às nossas linhas. Nos bastiões, irromperam de diversos lados, como para prevenir o ataque, fumaças brancas dos disparos dos canhões. O vento trouxe o crepitar cerrado do tiroteio, semelhante ao som de chuva tamborilando à janela. A faixa escura movia-se através da fumaça, mais e mais próxima. O som da fuzilaria, recrudescendo mais e mais, misturava-se ao estrondo prolongado das salvas. A fumaça, cada vez mais densa, espalhou-se rapidamente ao longo da linha e fundiu-se em um turbilhão violáceo, deixando entrever aqui e ali fogos furtivos e pontos negros — e todos os sons se tornaram um único e ininterrupto crepitar.

— Um ataque! — disse o oficial, pálido, entregando a luneta ao outro.

Frente ao posto passaram cossacos a galope, oficiais montados e o comandante em chefe de carruagem com sua comitiva. Em cada rosto lia-se uma dolorosa inquietação e a espera por algo terrível.

— Não podem ter tomado! — disse o oficial montado.

— Deus! A bandeira! Veja! Veja! — disse o outro, sufocando e deixando cair a luneta. — A bandeira francesa em Malákhov!

— Não pode ser!

25.

O Kozieltsov mais velho, que havia conseguido naquela noite recuperar e novamente perder tudo no jogo, inclusive as moedas de ouro que guardava na manga, pela manhã ainda dormia um sono pesado e doentio na caserna de defesa do quinto bastião, quando, repetido por diversas vozes, foi dado o grito fatal:

— Alerta!

— Levante-se, Mikhail Siemiónitch! É um ataque! — gritou-lhe uma voz.

— Por certo é algum escolar — disse, abrindo os olhos, ainda incrédulo.

Ao ver, súbito, um oficial correndo de um lado para o outro sem um claro objetivo, com o rosto assustado e pálido, foi então que compreendeu tudo. O pensamento de que o estivessem tomando por covarde por não estar com sua companhia nesse momento crítico golpeou-o terrivelmente. Correu a todo fôlego para encontrar seus homens. A canhonada havia cessado, mas a fuzilaria estava no auge. Não eram tiros de carabina isolados, mas agora era como um enxame de balas silvando no ar sobre as cabeças, como o voo dos pássaros migratórios no outono. O local onde na véspera se achava seu batalhão estava coberto de fumaça, ouviam-se gritos desordenados e exclamações. Cruzou com multidões de soldados feridos e não feridos. Percorrendo trinta passos, avistou sua companhia, acuada contra um muro, e viu o rosto de um de seus soldados, assustado e pálido. Assim também se mostraram os outros.

O sentimento de medo involuntariamente comunicou-se a Kozieltsov: sentiu um frio percorrer-lhe a espinha.

— Tomaram Schwartz — disse um jovem oficial, trincando os dentes. — Está tudo perdido!

— Besteira! — disse Kozieltsov, furioso. Desejando encorajar-se com algum gesto, tomou na mão seu pequeno sabre de ferro e gritou. — Em frente, rapaziada! Hurra-a!

A voz sonora e possante encorajou o próprio Kozieltsov, que se pôs a correr por uma travessa, seguido por uns cinquenta soldados que também gritavam. Assim que deram em uma esplanada aberta, as balas caíram sobre eles literalmente como granizo; duas o atingiram, mas não teve tempo de saber onde, se estava ferido ou apenas contundido. À sua frente, na fumaça, já podia perceber os uniformes azuis, as calças vermelhas e escutar gritos nada russos; um francês sobre a barreira acenava com o chapéu e gritava algo. Kozieltsov tinha certeza de que seria morto; isso lhe deu bravura. Avançava mais e mais. Alguns soldados o ultrapassaram; outros surgiam às suas costas não se sabe de onde e também corriam a seu lado. Os uniformes azuis guardavam sempre a mesma distância, recuando para as suas trincheiras, evitando-o, que corria tropeçando em mortos e feridos. No momento em que atingiu o fosso exterior, tudo se confundiu a seus olhos e sentiu uma imensa dor no peito; sentando-se em uma banqueta, assistiu com grande prazer, através da canhoneira, a multidão de uniformes azuis refluir em desordem para as suas trincheiras e observou como todo o campo estava juncado de feridos sendo arrastados e mortos em calças vermelhas e uniformes azuis.

Meia hora depois, viu-se em uma maca, próximo à caserna de Nikolái e percebeu que estava ferido, mas dor, quase não sentia; desejava apenas beber algo frio e deitar-se mais comodamente.

Um médico, baixo, gordo e com grandes costeletas escuras aproximou-se dele e desabotoou seu casaco. Kozieltsov procurava observar pelo rosto do médico, por baixo de seu queixo, o estado do seu ferimento, já que não sentia dor. Este abriu a camisa sobre o ferimento, enxugou os dedos no pano do paletó e, em silêncio, sem olhar para o ferido, afastou-se para atender o seguinte. Kozieltsov seguia inconscientemente com os olhos tudo o que se passava a sua volta. Lembrando-se do que acontecera no quinto bastião, experimentou um sentimento extraordinariamente consolador de autossatisfação e pensou que havia cumprido bem o seu dever, que era a primeira vez, desde que começara a servir, que atuava tão bem dentro das possibilidades, e que não havia nada para se censurar. O médico, acudindo outro oficial ferido, apontou para Kozieltsov e disse algo a um padre com uma grande barba ruiva e uma cruz.

— Estou morrendo? — perguntou Kozieltsov ao padre, quando este se aproximou.

O padre não respondeu; recitou uma oração e ofereceu a cruz ao doente.

A morte não assustava Kozieltsov. Ele tomou a cruz entre as mãos débeis, apertou-a aos lábios e chorou.

— Os franceses foram batidos? — perguntou ao padre.

— Vencemos em toda parte — respondeu o padre, com a pronúncia em *o*, escondendo do doente para não amargurá-lo, que na colina Malákhov já drapejava a bandeira francesa.

Graças a Deus, graças a Deus — proferiu o ferido, sem perceber como as lágrimas desciam pelas suas faces e sentindo um indescritível enlevo pela consciência de seu ato heroico.

Veio-lhe à mente por instantes um pensamento sobre o irmão.

“Deus lhe dê toda felicidade”, pensou.

26.

Mas tal sorte não estava reservada a Volódia. Escutava uma história que Vássin lhe contava, quando gritaram: “Os franceses!”. O sangue lhe subiu imediatamente ao coração e Volódia sentiu suas faces gelarem e empalidecerem. Por um segundo ficou imóvel; mas, olhando em volta, viu os soldados abotoarem seus capotes com muita calma e saírem do abrigo um após outro; um deles, parece que Miélnikov, fez um gracejo:

— Deem a eles pão e sal, rapaziada!

Volódia saiu da blindagem seguido por *Vlanga*, que dele não se afastava nem um passo, e correu para a bateria. Não havia disparos de artilharia, nem desse lado, nem do outro. Mais que a calma dos soldados, a covardia lamentável e não dissimulada do *junker* o inquietava. "Será que eu me pareço com ele?", pensou, e correu excitado para a barreira, onde se encontravam seus morteiros. De lá, viu claramente como os franceses rápido avançavam a campo aberto para o bastião e como multidões deles com baionetas reluzentes ao sol moviam-se pelas trincheiras próximas. Um deles, pequeno e de ombros largos, em uniforme zuavo e com uma espada na mão, corria à frente, saltando sobre os fossos. "Atirar de metralha!", gritou Volódia, descendo às pressas da banqueta; mas os soldados já haviam se adiantado e o som metálico dos tiros de metralha chegaram a seus ouvidos, disparados primeiro de um, depois do outro morteiro. "Primeiro! Segundo!", comandava Volódia, passando de um morteiro a outro em meio à fumaça e completamente esquecido do perigo. Ao lado, fez-se ouvir uma fuzilaria próxima à nossa cobertura, e gritos desmedidos.

Súbito, um grito atravessado de desespero, repetindo-se em várias vozes, ressoou à esquerda: "Cercaram! Cercaram!". Volódia olhou na direção do grito. Surgiram cerca de vinte franceses por trás. Um deles, belo homem de barba negra e fez[82] rubro, à frente dos demais, correu uns dez passos até a bateria, deteve-se, atirou e novamente avançou. Por um segundo Volódia ficou petrificado, sem crer nos próprios olhos. Ao se recobrar, voltou-se e viu à sua frente, na barreira, os uniformes azuis; um deles havia descido e rebitava um canhão. À sua volta não havia mais ninguém, além de Miélnikov, morto por uma bala ao seu lado, e Vlang que, agitando uma alavanca com o rosto em

---

[82] Barrete rubro usado pelos turcos do norte da África.

furor, as pupilas dilatadas, atirou-se à frente. "Atrás de mim, Vladímir Siemiónitch! Atrás de mim! Estamos perdidos!", gritava a voz desesperada de Vlang, que ameaçava os franceses com a alavanca enquanto recuava. A fúria do *junker* desconcertou-os. Deu um golpe na cabeça do que estava à frente, os demais instintivamente se detiveram e Vlang, sempre olhando ao redor e gritando: "Atrás de mim, Vladímir Siemiónitch! Não fique aí! Corra!", foi se aproximando à trincheira em que nossa infantaria fuzilava os franceses. Saltou e novamente assomou para ver o que fazia seu adorado sargento. Algo jazia de bruços com capote naquele mesmo lugar onde estava Volódia, e todo aquele espaço já estava tomado por franceses, que atiravam sobre os nossos.

27.

Vlang encontrou sua bateria na segunda linha de defesa. Dos vinte soldados que compunham a bateria de morteiros, apenas oito haviam se salvado.

Às nove horas da noite, Vlang atravessava para Siévernaia, com sua bateria, em um barco a vapor repleto de soldados, canhões, cavalos e feridos. Não havia mais disparos. As estrelas, como na noite anterior, reluziam vivamente no céu; mas o forte vento encrespava o mar. Da terra do primeiro e do segundo bastiões irrompiam relâmpagos; as explosões abalavam o ar e iluminavam estranhos objetos escuros ao redor e as pedras que se projetavam no espaço. Algo queimava junto às docas e as labaredas rubras refletiam-se na água. A ponte, repleta de gente, era iluminada pelo fogo da bateria de Nikolái. Uma enorme chama parecia planar sobre o mar no pontão longínquo da bateria de Aleksándr e iluminar a nuvem baixa de fumaça suspensa sobre ela, e, como na véspera, cintilavam ao longe as luzes insolentes da frota inimiga. Um vento fresco ondulava a baía. Sob o clarão dos incêndios, percebiam-se os mastros dos nossos navios atingidos, que submergiam vagarosamente, mais e mais profundamente nas águas. Não se ouviam conversas sobre o convés; em meio ao som regular das ondas cortadas pelo barco, escutava-se apenas o bufar dos cavalos, as batidas de suas patas sobre o pranchão, as palavras de comando do capitão e o lamento dos feridos. Vlang, não tendo comido o dia inteiro, tirou um pedaço de pão do bolso e pôs-se a mastigá-lo, mas, de repente, lembrando-se de Volódia, caiu num pranto tão intenso, que os soldados ao redor perceberam.

— Come pão e chora, o nosso *Vlanga* — disse Vássin.

— É esquisito! — disse outro

— Viste, incendiaram as nossas casernas — continuou o último, suspirando —, quantos dos nossos perdemos lá; mas custou caro aos franceses!

— Ao menos nós saímos vivos, graças a ti, Senhor — disse Vássin.

— Isso é uma ofensa!

— Por que ofensa? Por acaso *ele* está aqui a passeio? Como assim! Olhe, os nossos vão retomar. Mesmo que muitos dos nossos irmãos tenham tombado, assim como Deus é santo, se o imperador chamar, os nossos vão retomar! Acaso os nossos vão deixar assim pra *ele*? Por nada! Tome, fique com as muralhas nuas e as trincheiras explodidas. De certo pôs sua bandeira na colina, mas na cidade não se pavoneia. Espere que ainda vamos acertar as contas com você! É só esperar! — concluiu Vássin, dirigindo-se aos franceses.

— Por certo que vamos! — disse o outro com convicção.

Por toda a linha dos bastiões de Sebastopol, onde durante tantos meses ferveu uma vida de extraordinária energia, onde durante tantos meses viram-se heróis morrerem e se substituírem uns aos outros na morte, inspirando aos inimigos o terror, o ódio e, por fim, a admiração — nesses bastiões de Sebastopol já não havia ninguém, em parte alguma. Tudo estava morto, selvagem, pavoroso — mas não silencioso: tudo ainda se rompia. Sobre o solo sulcado e arruinado pelas recentes explosões, tombavam por toda parte peças de artilharia rebentadas, esmagando cadáveres russos e inimigos; canhões de ferro silenciados para sempre eram lançados aos fossos por uma força assustadora, e meio recobertos por terra; bombas, balas, novamente cadáveres, covas, estilhaços de troncos, blindagens e novamente cadáveres silenciosos em capotes cinza e azuis. Tudo isso ainda tremia constantemente e se iluminava ao clarão rubro das explosões, que continuavam a abalar o ar.

Os inimigos perceberam que algo incompreensível acontecia na ameaçadora Sebastopol. Essas explosões e o silêncio de morte nos bastiões os fizeram tremer; mas ainda não ousavam acreditar, após a resistência violenta e tranquila do dia, que seu inabalável inimigo havia desaparecido, e, em silêncio, sem se moverem, aguardavam com ansiedade o fim dessa noite sombria.

As tropas de Sebastopol, como o mar encrespado em noite escura, uniam-se, cresciam, agitavam-se com toda sua massa, ondulando sobre a ponte da baía e em Siévernaia, movendo-se lentamente na obscuridade impenetrável para longe do lugar onde tombaram tantos dos seus bravos irmãos, do lugar inundado por seu sangue, do lugar de onde mantiveram afastados durante onze meses um inimigo duas vezes superior, lugar que agora eram ordenados a abandonar sem combate.

Incompreensível e penosa foi essa ordem para cada russo, de início. Em seguida, veio-lhes o medo de serem perseguidos. Sentiram-se indefesos assim que deixaram as posições em que estavam acostumados a lutar e, com inquietude, apressavam-se na obscuridade da entrada da ponte, que balançava ao forte vento. Em meio a tinidos de baionetas e regimentos aglomerados, equipagens e voluntários, comprimia-se a infantaria, abriam caminho os oficiais montados com suas ordens, choravam e imploravam civis e ordenanças com bagagens que não deixavam passar; com ruído de rodas, a artilharia atravessava a baía, na pressa de se ocultar. Apesar de distraídos com a azáfama e as ocupações diversas, o instinto de conservação e o desejo de escapar o mais rápido possível desse lugar de morte estavam presentes na alma de cada um. Tal sentimento também possuía o soldado mortalmente ferido, estendido entre outros quinhentos camaradas feridos como ele sobre o chão de pedra do cais Pávlov, pedindo a Deus para morrer; também o voluntário, que usava suas últimas forças ao enfiar-se no meio da multidão, para dar passagem a um general montado; e o general que organizava com firmeza o transporte das tropas e que devia conter os soldados; e o marinheiro, engajado em um batalhão em marcha, que perdia o fôlego no meio dessa multidão movente; e o oficial ferido, carregado em uma maca por quatro soldados que, detidos pela afobação das pessoas, depositaram-no sobre o chão da bateria Nikolái; e o artilheiro que, após dezesseis anos servindo com o mesmo canhão, por uma ordem incompreensível do chefe teve de atirá-lo com a ajuda dos camaradas em uma margem escarpada da baía; e os marinheiros da frota, que após condenarem os navios, afastaram-se deles em barcaças, remando a toda força. À saída da ponte, quase todos os soldados tiravam o boné e persignavam-se. Mas a essas impressões, sucedeu-se um sentimento penoso, mais pungente e profundo: algo semelhante a remorso, vergonha e cólera. Quase todo soldado, ao olhar deste lado de Siévernaia para a Sebastopol abandonada, suspirava com indizível amargura no coração e ameaçava os inimigos.

Petersburgo, 27 de dezembro de 1855

Adverte-se aos curiosos que se imprimiu esta obra em nossas oficinas em 13 de maio de 2013, sobre papel Pamo Classic 70 g/m^2, composta em tipologia Charter BT, em GNU/Linux (Gentoo, Sabayon e Ubuntu), com os softwares livres LaTeX, DeTeX, VIM, Evince, Pdftk, Aspell, SVN e TRAC.